汽车车身与底盘电控系统检修

主　编　刘冬生　莫豪锐　金　荣
副主编　李选剑　弓建海　曾凯凯
参　编　张燕冲　袁涛生　刘　仁　符史仁　符瑞满
　　　　刘剑彬　林　智
主　审　韩龙海

机械工业出版社

本书按照汽车运用与维修职业技能等级证书标准要求编写，由防抱死制动系统的检修、车身稳定控制系统的检修、电控转向系统的检修、电控悬架系统的检修、安全气囊系统的检修、安全防盗系统的检修、舒适系统的检修、自适应巡航系统与车道保持辅助系统的检修、汽车网络系统的检修九个任务组成，每个任务包括学习目标（知识目标、技能目标、素养目标）、任务描述、相关知识、学习任务单、实训任务、工作任务单和评分细则七部分。

本书内容新颖全面、图文并茂、通俗易懂、易学好教，既可作为职业院校汽车类专业学生的教学用书，也可作为职业技能培训和相关专业人员的参考书。

本书在相关资料文本或图片附近设置了二维码，读者用智能手机进行扫描，便可在手机屏幕上显示和教学材料相关的多媒体内容，方便读者理解相关知识，以便更深入地学习。为方便教学，本书配有电子课件、学习任务单答案、工作任务单答案等资源。凡选用本书作为授课教材的教师均可登录www.cmpedu.com，以教师身份注册后免费下载，或咨询相关编辑，编辑QQ：72916363。

图书在版编目（CIP）数据

汽车车身与底盘电控系统检修 / 刘冬生，莫豪锐，金荣主编. -- 北京：机械工业出版社，2025.1.
ISBN 978-7-111-77295-8
Ⅰ. U472.41
中国国家版本馆 CIP 数据核字第 2025KE5587 号

机械工业出版社（北京市百万庄大街22号　邮政编码100037）
策划编辑：师　哲　　　　　责任编辑：师　哲
责任校对：王荣庆　张昕妍　　封面设计：张　静
责任印制：单爱军
北京虎彩文化传播有限公司印刷
2025年2月第1版第1次印刷
210mm×285mm・9.5印张・178千字
标准书号：ISBN 978-7-111-77295-8
定价：42.00元

电话服务　　　　　　　　　网络服务
客服电话：010-88361066　　机 工 官 网：www.cmpbook.com
　　　　　010-88379833　　机 工 官 博：weibo.com/cmp1952
　　　　　010-68326294　　金 书 网：www.golden-book.com
封底无防伪标均为盗版　机工教育服务网：www.cmpedu.com

前　言

本书根据职业院校的教学特点，以提高学习者的职业能力和职业素养为宗旨，倡导以学生为本的教育理念，在进行广泛的企业、行业调研的基础上编写而成。

本书借鉴了德国职业教育的先进教学理念，把行业能力标准作为课程教学目标和鉴定标准，按照行业能力要求组织教学内容。在本书的开发过程中充分体现了将一体化的职业教育理念贯穿"工作过程系统化"的项目课程开发思想，针对职业院校学生的学习特征设计教学活动。教学活动环境主要模拟企业真实的工作场所，学生通过完成所布置的任务掌握必需的理论知识，再通过实训任务有步骤地解决任务描述中的问题，进而逐步具备综合的职业能力。

本书坚持"以服务为宗旨，以就业升学并重"的办学思想，突出了职业技能教育的特色。本书的主要特点如下：

1. 采用任务驱动形式编写。每个任务由学习目标、任务描述、相关知识、学习任务单、实训任务、工作任务单和评分细则等构成。

2. 按照汽车专业领域职业技能等级证书汽车运用与维修职业技能考核培训方案准则进行编写，是"课证融通"教材的新尝试。

3. 坚持理论与实践、知识学习与技能训练一体化，贯彻"做中学、学中做"的职教理念，强调实践与理论的有机统一。技能上力求满足企业用工需要，理论上做到适度、够用。

4. 坚持过程评价和成果评价相结合，即对学生在学习每个工作任务过程中的表现和最后的实训成果进行评价。评价要求明确、直观、实用，可操作性强，可以很好地调动学生的学习积极性。

本书由刘冬生、莫豪锐、金荣任主编，李选剑、弓建海、曾凯凯任副主编。参与本书编写的还有张燕冲、袁涛生、刘仁、符史仁、符瑞满、刘剑彬、林智。全书由韩龙海审核。本书在编写过程中参考了大量的书籍并借鉴了汽车维修手册和相关培训资料，在此谨向相关作者及资料提供者表示诚挚的谢意。

由于编者水平有限，书中难免有不妥之处，恳请广大读者和专家批评、指正。

编　者

目 录

前言

任务一　防抱死制动系统的检修 ………… 1

任务二　车身稳定控制系统的检修 …… 13

任务三　电控转向系统的检修 ………… 29

任务四　电控悬架系统的检修 ………… 38

任务五　安全气囊系统的检修 ………… 53

任务六　安全防盗系统的检修 ………… 65

任务七　舒适系统的检修 ……………… 79

任务八　自适应巡航系统与车道保持
　　　　辅助系统的检修 …………… 101

任务九　汽车网络系统的检修 ………… 117

参考文献 ………………………………… 148

任务一

防抱死制动系统的检修

🔧 学习目标

知识目标：	技能目标：	素养目标：
1）掌握防抱死制动系统的作用与组成。 2）掌握防抱死制动系统的工作过程。 3）掌握轮速传感器的作用与类型。	1）会读取防抱死制动系统的故障码与数据流。 2）会拆装与检测轮速传感器。	1）能够在工作过程中与小组其他成员合作、交流，培养团队合作意识，锻炼沟通能力。 2）养成7S的工作习惯。 3）养成服从管理、规范作业的良好工作习惯。

🚗 任务描述

一辆丰田卡罗拉轿车用户反映，车内仪表板上有一个ABS字样的指示灯常亮。需要对它进行检查，确定故障部位并进行修理。

相关知识

汽车防抱死制动系统（Anti-Lock Brake System，简称ABS）是一种安全控制制动系统，目前已经成为汽车的标准配置。防抱死制动系统既有普通制动系统的制动功能，又能防止车轮制动时抱死。因为在紧急制动时，制动力过大会使轮胎抱死后滑动，使制动距离变长且汽车不受控制。防抱死制动系统可使汽车在紧急制动过程中车轮滑移率保持在20%左右，此时轮胎处于边滚边滑状态，制动力最大，从而保证了制动时汽车的转向稳定性，防止产生侧滑和跑偏。

一、防抱死制动系统的基本组成

防抱死制动系统的基本组成如图1-1所示，它通常由轮速传感器（4个）、制动压力调节器（制动执行器）、电子控制单元（ECU）、防抱死制动系统警告灯等组成。

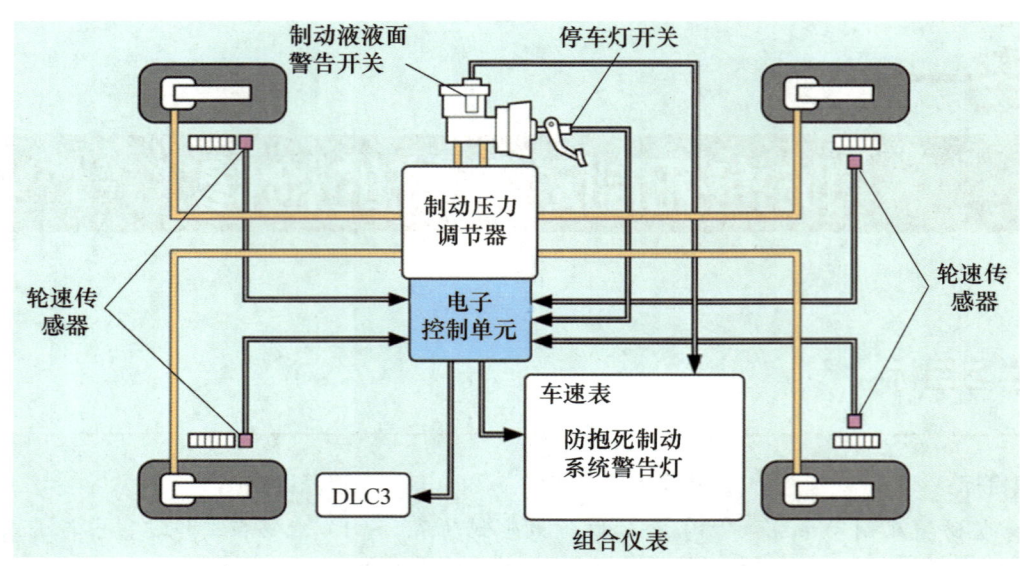

图 1-1 防抱死制动系统的基本组成

二、防抱死制动系统的工作原理

汽车制动时，轮速传感器将各车轮的转速信号输入电子控制单元；电子控制单元根据每个车轮轮速传感器输入的信号对车轮的运动状态进行监测和判定，并形成相应的控制指令，再适时发出控制指令给制动液压调节器，使制动液压调节器对制动器油压高速地进行"增压—保压—减压"的循环调节过程，使车轮的滑移率始终维持在 10%~30% 范围内，防止制动时车轮完全抱死，如图 1-2 所示。

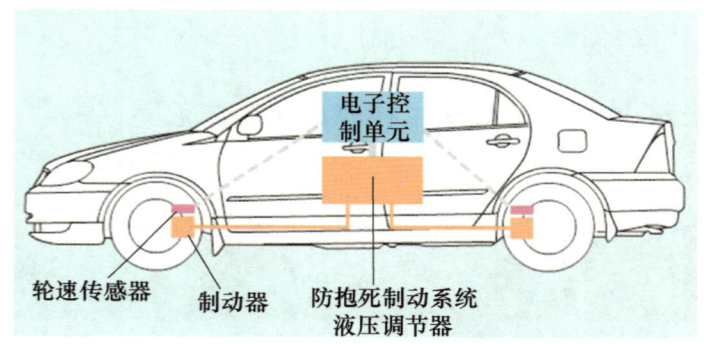

图 1-2 防抱死制动系统的工作原理示意图

三、轮速传感器

轮速传感器的作用是检测车轮的旋转速度，并将速度信号转变为电信号再输入电子控制单元，四个车轮的轮毂处都安装有轮速传感器，其安装位置如图 1-3 所示。目前，常用的轮速传感器主要有电磁式、霍尔式和可变磁阻式三种。

1. 电磁式轮速传感器

电磁式轮速传感器主要由传感器头和齿圈两部分组成，如图 1-4 所示。传感器头内部主要由永久磁铁和感应线圈等组成；齿圈一般安装在轮毂或轴座上，对于后驱动车辆，也可安装在差速器或传动轴上，它随车轮一起旋转。传感器头通过固定在车身上的支架安装在齿圈附近，当齿圈随车轮旋转时，传感器头通过磁通量的变化产生感应电压,并输送到防抱死制动系统电子控制单元,输出的信号如图1-5所示。

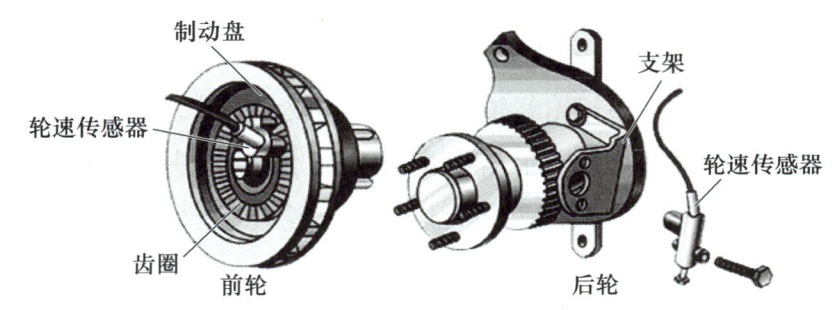

图1-3 轮速传感器的安装位置

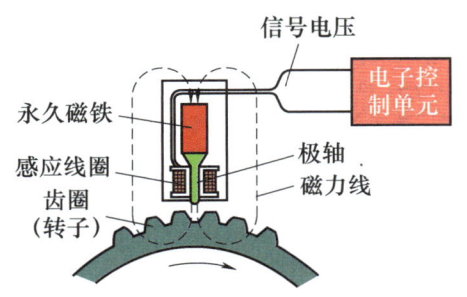

图1-4 电磁式轮速传感器的结构

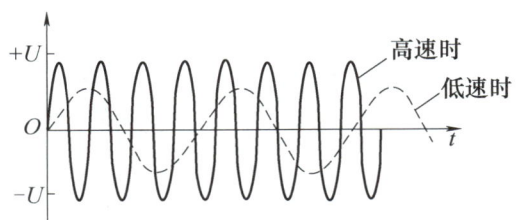

图1-5 电磁式轮速传感器输出信号

2. 霍尔式轮速传感器

霍尔式轮速传感器也是由传感器头和齿圈(脉冲发生轮)组成的。传感器头由永久磁铁和霍尔元件等组成,如图1-6所示。永久磁铁的磁力线穿过霍尔元件通向齿圈,齿圈随车轮一起旋转,当齿顶对正霍尔元件时,通过霍尔元件的磁力线最密,磁场强度较强;当齿隙对正霍尔元件时,通过霍尔元件的磁力线较疏,磁场强度较弱。齿圈连续旋转,使穿过霍尔元件的磁力线密度发生变化,因而引起霍尔电压的变化,霍尔元件将输出一个毫伏级的准正弦波电压,如图1-7所示。

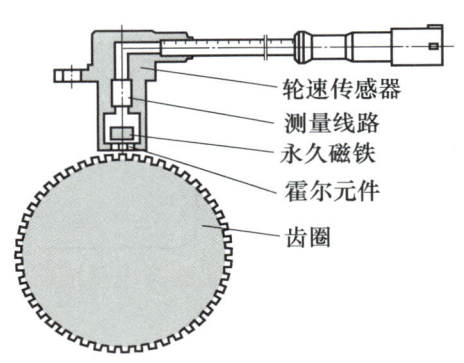

图1-6 霍尔式轮速传感器的结构

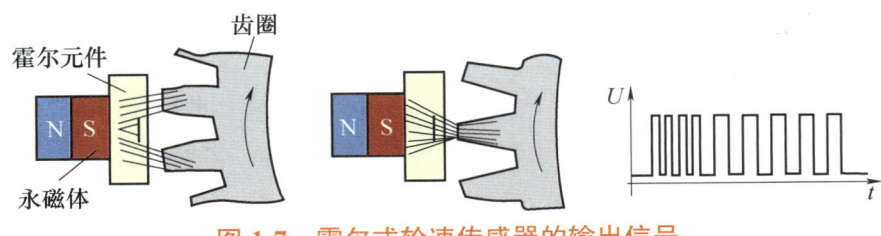

图1-7 霍尔式轮速传感器的输出信号

3. 可变磁阻式轮速传感器

可变磁阻式轮速传感器也由传感器头和磁铁型转子组成，如图 1-8 所示。传感器头由两个磁阻元件（MRE A、MRE B）和传感器集成电路组成。磁铁型转子由排列成圆形的 N、S 磁极构成，并与轮毂轴承内座圈集成为一体。随着转子的转动，转子的 N 和 S 磁极交替通过传感器头的感测部分附近，传感器头将磁通量作为电流值输出。电子控制单元检测输出电流的变化，以判定车轮转速。

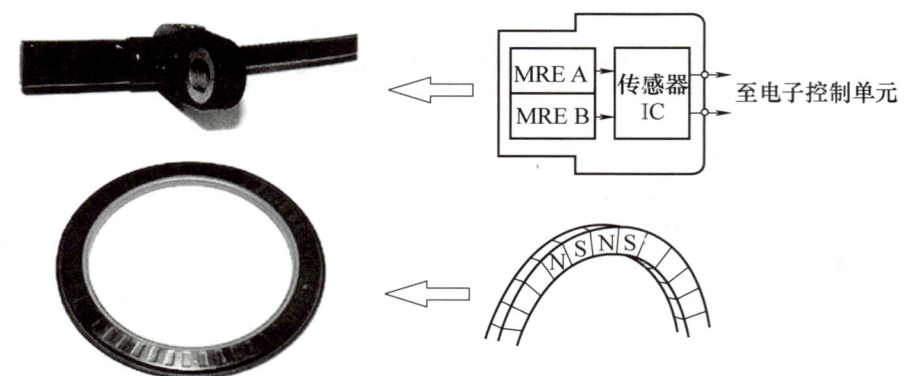

图 1-8 可变磁阻式轮速传感器

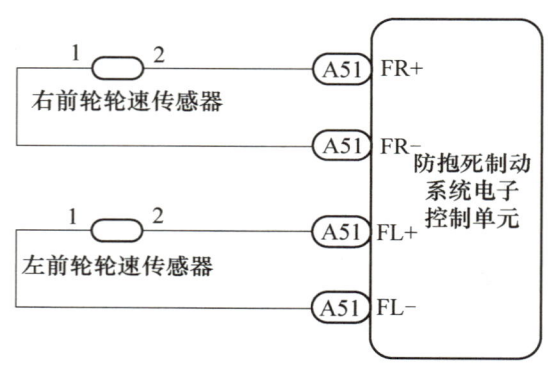

图 1-9 丰田卡罗拉轮速传感器与电子控制单元的连接电路

丰田卡罗拉轮速传感器（左、右前轮）与电子控制单元的连接电路如图 1-9 所示。

四、制动压力调节器

制动压力调节器又称 ABS 泵，安装在制动主缸和轮缸之间，一般与防抱死制动系统电子控制单元制成一体，如图 1-10 所示。它根据防抱死制动系统电子控制单元发出的控制信号，自动调节轮缸（制动分泵）的制动压力。制动压力调节器主要包括泵直流电动机、蓄能器和电磁阀等相关部件。

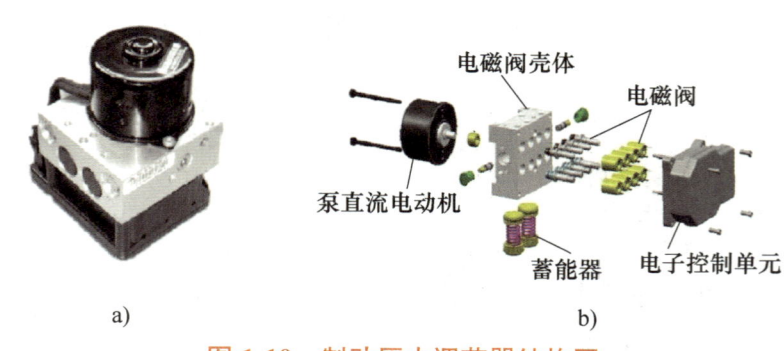

图 1-10 制动压力调节器结构图

a）制动压力调节器 b）制动压力调节器分解图

任务一 防抱死制动系统的检修

防抱死制动系统电子控制单元通过控制电磁阀的通电与断电来实现升压状态、保压状态和减压状态。电磁阀分为进油电磁阀和出油电磁阀，其中，进油阀在未通电时处于打开状态，出油阀在未通电时处于关闭状态。

1. 升压控制过程

当驾驶人踩下制动踏板时，制动主缸的压力升高，此时如果防抱死制动系统电子控制单元根据轮速传感器传来的信号判断车轮滑移率太低（小于10%），电子控制单元控制制动压力调节器中的进油阀与出油阀都不通电，制动液流向如图1-11所示，来自制动主缸的制动液直接进入轮缸，轮缸压力随主缸压力的增加而增加。此时压力调节器的液压泵不工作。

2. 保压控制过程

当驾驶人继续踩住制动踏板时，制动主缸的压力继续升高，此时如果防抱死制动系统电子控制单元根据轮速传感器传来的信号判断车轮有抱死的趋势（滑移率10%~30%），则开始控制制动压力调节器中的进油阀通电，进油阀通电后关闭，出油阀未通电继续关闭，位置如图1-12所示，来自制动主缸的制动液不能进入轮缸。如果主缸的压力继续增加，而轮缸压力保持不变，此时压力调节器的液压泵不工作。

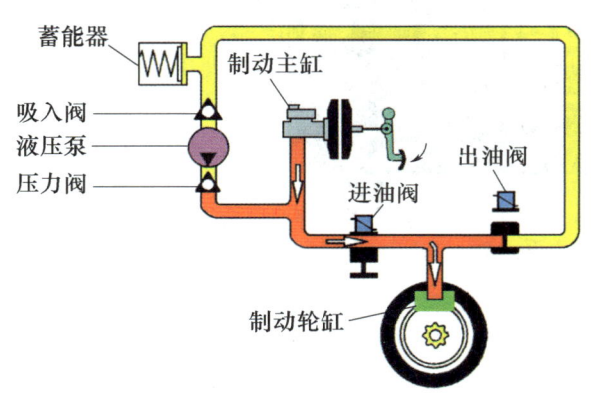

图1-11 升压控制液压油路

图1-12 保压控制液压油路

正常状态

3. 减压控制过程

当防抱死制动系统电子控制单元根据轮速传感器传来的信号判断车轮仍然有抱死的趋势（滑移率大于30%）时，则开始控制制动压力调节器中的进油阀与出油阀都通电，进油阀通电后关闭，切断主缸过来的制动液。同时，出油阀通电后打开，位置如图1-13所示，来自

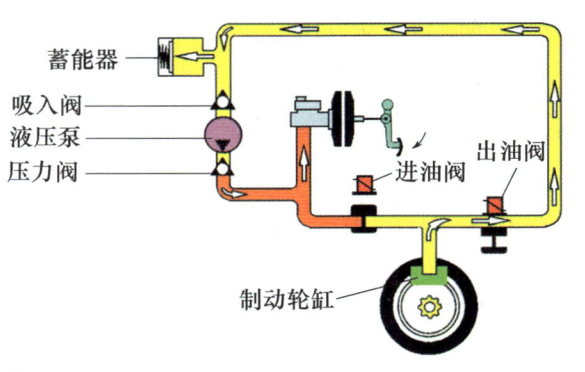

图1-13 减压控制液压油路

升压阶段

保压阶段

减压阶段

5

轮缸的制动液由液压泵送回主缸，轮缸压力减小，防止车轮抱死。此时，制动压力调节器的液压泵工作，它将轮缸流出的制动液加压输送到主缸。

五、防抱死制动系统电子控制单元

防抱死制动系统电子控制单元根据来自轮速传感器的信号，计算车轮与路面之间的滑移率并进行控制。此外，它还监控整个防抱死制动系统的工作情况，如果有故障，将防抱死制动系统关闭，并储存相应的故障码。当前，防抱死制动系统都是将控制单元和制动压力调节器做成一体。

六、防抱死制动系统警告灯

防抱死制动系统警告灯位于组合仪表内，如图1-14所示，当控制单元检测到防抱死制动系统中有故障时，该灯就处于长亮的状态，提醒驾驶人系统中有故障。

图1-14 防抱死制动系统警告灯

七、故障诊断接口

故障诊断接口位于仪表板的左下方，如图1-15所示。它用于连接汽车诊断仪器，使诊断仪器直接与防抱死制动系统电子控制单元连通，读取防抱死制动系统故障码或对传感器功能进行检查。

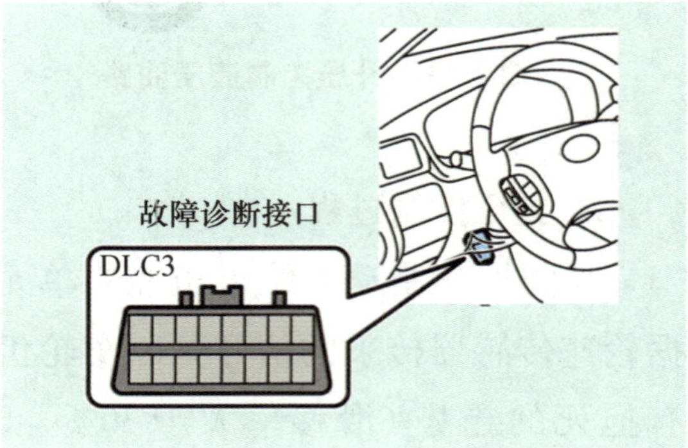

图1-15 故障诊断接口位置图

八、防抱死制动系统电路图

丰田卡罗拉汽车防抱死制动系统电路图如图1-16所示。

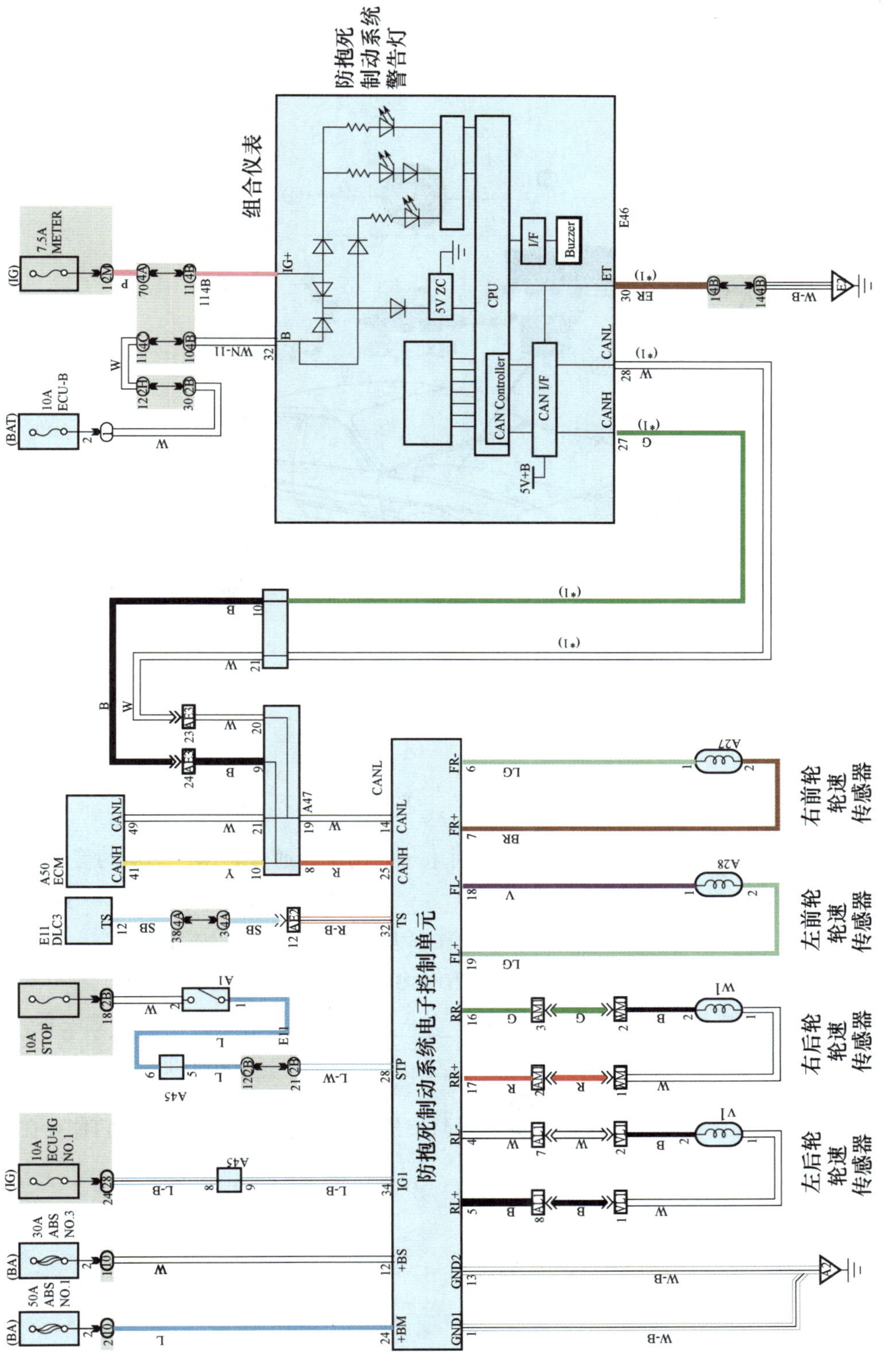

任务一 防抱死制动系统的检修

图 1-16 丰田卡罗拉汽车防抱死制动系统电路图

防抱死制动系统的检修	学习任务单	班级：
		姓名：

1. 防抱死制动系统的作用是防止紧急制动时车轮_____，从而保证汽车在制动时的转向稳定性，防止产生侧滑和跑偏。

2. 写出图中数字所指零件的名称：

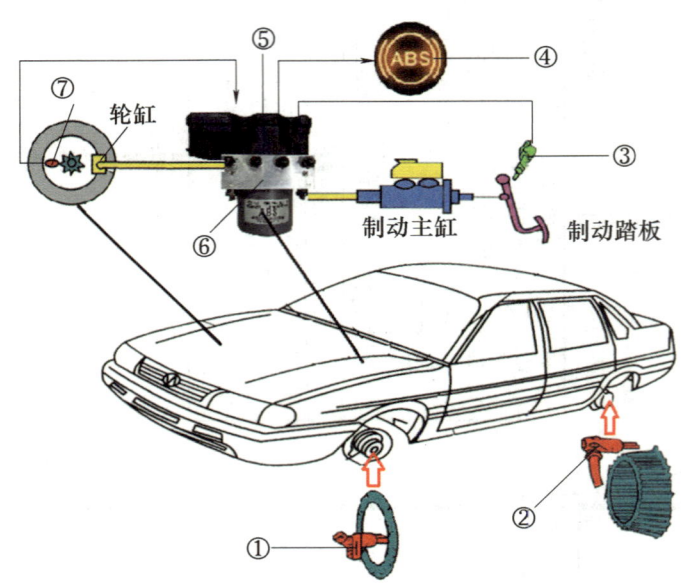

① _____ ② _____ ③ _____ ④ _____

⑤ _____ ⑥ _____ ⑦ _____

3. 防抱死制动系统的工作原理是，汽车制动时电子控制单元通过轮速传感器的信号进行分析，当计算车轮滑移率小于 10% 时，对该轮进行_____模式控制；当计算车轮滑移率 10%~30% 时，对该轮进行_____模式控制；当计算车轮滑移率大于 30% 时，对该轮进行_____模式控制，从而使车轮在紧急制动时滑移率始终维持在 10%~30% 范围内，防止车轮抱死。

4. 常见的轮速传感器主要有_____式、_____式和_____式三种，它们安装在每个车轮的轮毂处，从外观上看都是由_____和_____组成的。

5. 当汽车正常行驶时，组合仪表内的 ABS 指示灯突然亮起，说明_____可能存在故障。

实训任务　防抱死制动系统检查

一、实训器材

丰田卡罗拉轿车、汽车故障诊断仪、维修手册、万用表和常用工具等。

二、作业准备

1）检查举升机。

2）车辆在工位停放周正。

3）铺好车内和车外护套。

三、操作步骤

1. 基本检查

1）检查制动主缸上的储油罐液面是否正常。

2）检查制动压力调节器与制动主缸的连接管路是否有漏油或严重腐蚀情况。

3）检查制动压力调节器与四个轮缸的连接管路是否有漏油或严重腐蚀情况。

4）用手稍许晃动防抱死制动系统电子控制单元连接插头和各轮速传感器连接插头，检查是否存在脱落或松动现象。

5）检查制动灯，当踩下制动踏板时是否点亮，当松开制动踏板时是否熄灭。

2. 故障码与数据流的读取

1）选取 OBD-Ⅱ 的故障诊断插头，并连接好数据线与诊断仪。

2）将故障诊断仪与仪表板左下方的故障诊断座连接。

3）打开点火开关，再按下故障诊断仪的电源键。

4）选择车型，选择防抱死制动系统。

5）选择读取故障码，并记录故障码。

6）清除故障码。

7）再次读取故障码。

8）举升车辆到轮胎离开地面。

9）读取四个车轮的静态数据流。

10）起动发动机，并挂入 D 位，松开制动踏板，读取两个前轮的动态数据流，检查数据流是否随车轮转速的变化而变化。

11）协助人员快速转动后车轮，读取两个后轮的动态数据流，检查数据流是否随车轮转速的变化而变化。

3. 电源故障的排除

1）如果用故障诊断仪能进入车辆其他系统，而无法进入防抱死制动系统读取故障码,就有可能是防抱死制动系统电源存在故障,造成防抱死制动系统电子控制单元不工作而无法与诊断仪进行通信连接。

2)找到发动机舱熔丝与继电器盒。

3)查询维修手册或查看熔丝盒背面标识,找到防抱死制动系统 NO.1 熔丝,如图 1-17 所示。

4)拔下熔丝,用万用表测量阻值,阻值应小于 1Ω。

5)更换新的熔丝。

4. 轮速传感器的更换

1)举升车辆到轮胎离开地面。

2)正确拆下左前车轮。

3)拆下左前车轮侧挡泥板和内衬。

4)拔下左前轮轮速传感器的插头,拆下线束固定夹,如图 1-18 所示。

5)拆下左前轮轮速传感器线束夹固定螺栓。

6)选用合适工具拆下轮速传感器固定螺栓,并取下轮速传感器,如图 1-19 所示。

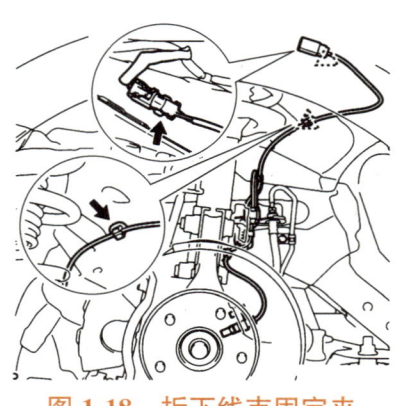

图 1-18 拆下线束固定夹

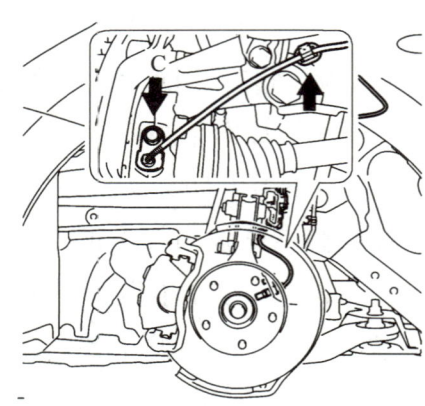

图 1-17 防抱死制动系统 NO.1 熔丝

图 1-19 取下轮速传感器

7)查询维修手册,确认该轮速传感器的类型。

提示

对于电磁式轮速传感器,可以测量轮速传感器两端子的阻值(感应线圈的阻值),来判断传感器的好坏;可变磁阻式轮速传感器与霍尔式轮速传感器由于内部有集成电路,测量两端子的阻值则无意义。

8)通过维修手册得知该车装用可变磁阻式轮速传感器。选用万用表电阻档测量轮速传感器,分别测量轮速传感器的两个端子与外壳铁心处,阻值应为无穷大,否则更换轮速传感器。

9)选用新的轮速传感器,并用万用表测量新的传感器是否正常。

10)与拆装相反的顺序安装轮速传感器,并按规定的转矩拧紧各螺栓。

任务一 防抱死制动系统的检修

防抱死制动系统的检修		工作任务单		班级：	
				姓名：	

1. 车辆信息记录

品牌		整车型号		生产年月	
发动机型号		发动机排量		行驶里程	
车辆识别代号					

2. 基本检查

作业项目	检查情况	作业项目	记录
防抱死制动系统故障灯	□正常 □异常	储液罐液位	
制动管路泄漏		防抱死制动系统插接器连接情况	

3. 电源故障检查

防抱死制动系统熔丝	电阻： Ω	□正常 □异常	□维修 □调整 □更换

4. 故障码及数据流读取

故障码	
清除故障码后读码	

项目名称	静态数据流	动态数据流	判定	维修措施
左前轮轮速传感器			□正常 □异常	□维修 □调整 □更换
右前轮轮速传感器			□正常 □异常	□维修 □调整 □更换
左后轮轮速传感器			□正常 □异常	□维修 □调整 □更换
右后轮轮速传感器			□正常 □异常	□维修 □调整 □更换

5. 轮速传感器拆卸与测量

左前轮轮速传感器（电磁感应式）	电阻： Ω	□正常 □异常	□维修 □调整 □更换

6. 查询维修手册

序号	部件名称	章节及页码	规格（公制）
1		第 章 页	
2		第 章 页	
3		第 章 页	

汽车车身与底盘电控系统检修

防抱死制动系统的检修		实习日期：	
姓名：	班级：	学号：	导师签名：
自评：☐熟练 ☐不熟练	互评：☐熟练 ☐不熟练	师评：☐合格 ☐不合格	
日期：	日期：	日期：	

防抱死制动系统的检修【评分细则】

序号	评分项	得分条件	分值	评分要求	自评	互评	师评
1	安全/7S/态度	☐1. 能进行工位 7S 操作 ☐2. 能进行设备和工具安全检查 ☐3. 能进行车辆安全防护操作 ☐4. 能进行工具清洁、校准、存放操作 ☐5. 能进行三不落地操作	15	未完成1项扣3分，扣分不得超过15分	☐熟练 ☐不熟练	☐熟练 ☐不熟练	☐合格 ☐不合格
2	专业技能能力	作业1 ☐1. 能正确检查防抱死制动系统故障灯 ☐2. 能正确检查制动液液位 作业2 ☐1. 能正确检查制动总泵管路泄漏情况 ☐2. 能正确检查各制动管路泄漏情况 ☐3. 能正确检查插接器连接情况 ☐4. 能正确测量防抱死制动系统熔丝 ☐5. 能正确拆装轮速传感器 ☐6. 能正确检测轮速传感器 作业3 ☐1. 能正确读取防抱死制动系统故障码 ☐2. 能正确读取防抱死制动系统静态数据流 ☐3. 能正确读取防抱死制动系统动态数据流 ☐4. 能正确分析数据流判定维修措施	50	未完成1项扣5分，扣分不得超过50分	☐熟练 ☐不熟练	☐熟练 ☐不熟练	☐合格 ☐不合格
3	工具及设备的使用能力	☐1. 能正确使用维修工具 ☐2. 能正确使用维修诊断仪 ☐3. 能正确使用万用表	10	未完成1项扣3分，扣分不得超过10分	☐熟练 ☐不熟练	☐熟练 ☐不熟练	☐合格 ☐不合格
4	资料、信息查询能力	☐1. 能正确使用维修手册查询资料 ☐2. 能正确记录查询资料的章节及页码 ☐3. 能正确记录所需维修信息	10	未完成1项扣3分，扣分不得超过10分	☐熟练 ☐不熟练	☐熟练 ☐不熟练	☐合格 ☐不合格
5	数据判断和分析能力	☐1. 能判断防抱死制动系统熔丝是否正常 ☐2. 能判断轮速传感器是否正常 ☐3. 能判断防抱死制动系统数据流是否正常	10	未完成1项扣3分，扣分不得超过10分	☐熟练 ☐不熟练	☐熟练 ☐不熟练	☐合格 ☐不合格
6	表单填写报告的撰写能力	☐1. 字迹清晰 ☐2. 语句通顺 ☐3. 无错别字 ☐4. 无涂改 ☐5. 无抄袭	5	未完成1项扣1分，扣分不得超过5分	☐熟练 ☐不熟练	☐熟练 ☐不熟练	☐合格 ☐不合格

总分：

任务二

车身稳定控制系统的检修

学习目标

知识目标：	技能目标：	素养目标：
1）掌握车身稳定控制系统的作用与组成。 2）了解车身稳定控制系统的工作原理。	1）会拆装车身稳定控制系统各部件。 2）会检测车身稳定控制系统各部件。	1）能够在工作过程中与小组其他成员合作、交流，培养团队合作意识，锻炼沟通能力。 2）养成7S的工作习惯。 3）养成服从管理、规范作业的良好工作习惯。

任务描述

一辆丰田轿车用户反映：仪表盘内的 VSC 指示灯常亮，需要你对它进行检查，确定故障部位并进行修理。

相关知识

一、车身稳定控制系统的概述

车身稳定控制系统是近些年发展起来的一种电子装置，是对制动防抱死和牵引力控制功能的继承与进一步扩展。由于防抱死制动系统只在制动时起作用，牵引力控制系统（ASR）只在驱动时起作用，因此，防抱死制动系统/牵引力控制系统的集成只能解决车辆纵向稳定性问题，无法解决车辆驱动和制动转向、高速转向等极端工况引起的侧向稳定性问题。宝马与博世公司于1992年合作，在防抱死制动系统/牵引力控制系统的基础上开发了旨在解决车辆侧向稳定性问题的第一代稳定性控制系统。1995年，车身稳定控制系统实现批量生产，并首次应用在奔驰S级轿车上。

车身稳定控制系统在德系车上称为ESP，是英文 Electronic Stability Program 的缩写，在日系车上称为VSC，是英文 Vehicle Stability Control 的缩写。它包括电子制动分配力系统（Electronic Brakeforce Distribution，EBD）、防抱死制动系统（Anti-lock

Brake System，ABS）、循迹控制系统（Traction Control System，TCS）、车辆动态控制系统（Vehicle Dynamic Control，VDC）。通过对从各传感器传来的车辆行驶状态信息进行分析，然后向防抱死制动系统、电子制动分配系统等发出纠偏指令，来帮助车辆维持动态平衡，如图2-1所示。

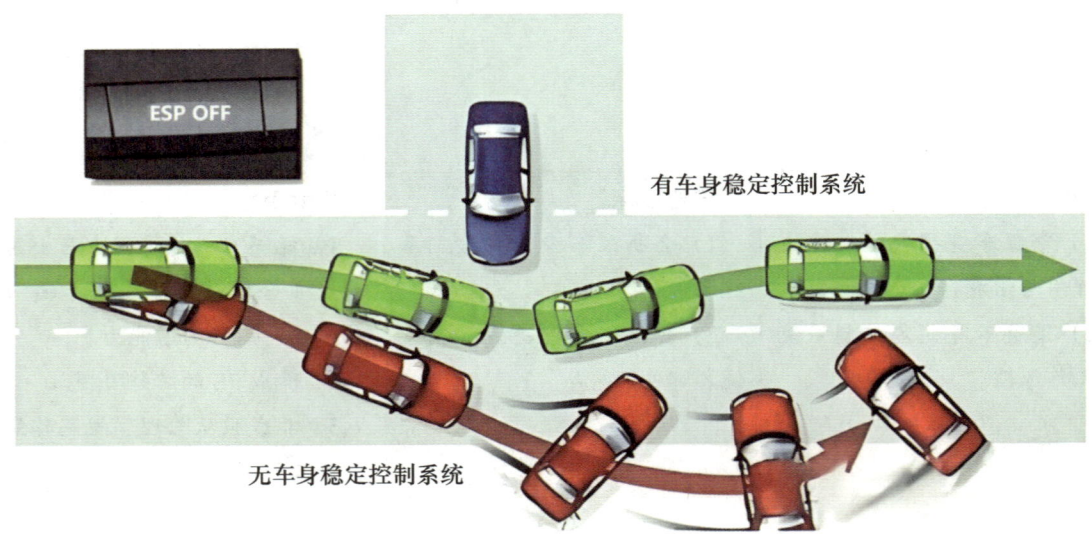

图2-1　车身稳定控制系统

二、车身稳定控制系统的控制内容

汽车操纵失控是非常危险的，因为汽车操纵失控时，汽车不能按照驾驶人的驾驶意图行驶，很容易导致交通事故的发生。当汽车在弯路上高速行驶时，或者虽然车速不高，但路面较滑，或者为躲避障碍物而急转弯时，由于离心力的作用，会使汽车侧滑。

假如汽车只有前轮侧滑，后轮没有侧滑，或者虽然前、后轮都侧滑，但前轮的侧滑程度大于后轮，就会使汽车绕其垂直轴转动，转动方向与汽车转弯的方向相反，从而导致汽车不能按照驾驶人的驾驶意图行驶，即不能沿驾驶人给定的转向轮偏转路线行驶，汽车将驶出转弯路面的外侧（图2-2a），这种情况会造成转向不足。

如果汽车只有后轮侧滑，前轮没有侧滑，或者虽然前、后轮都侧滑，但后轮的侧滑程度大于前轮，也会使汽车绕其垂直轴转动，但转动方向与汽车转弯的方向相同，同样会导致汽车不能按照驾驶人的驾驶意图行驶，汽车将驶出转弯路面的内侧（图2-2b），这种情况会造成转向过度。

车身稳定控制系统可以使车辆在各种状况下保持最佳的稳定性，在转向过度或转向不足的情形下效果更加明显。

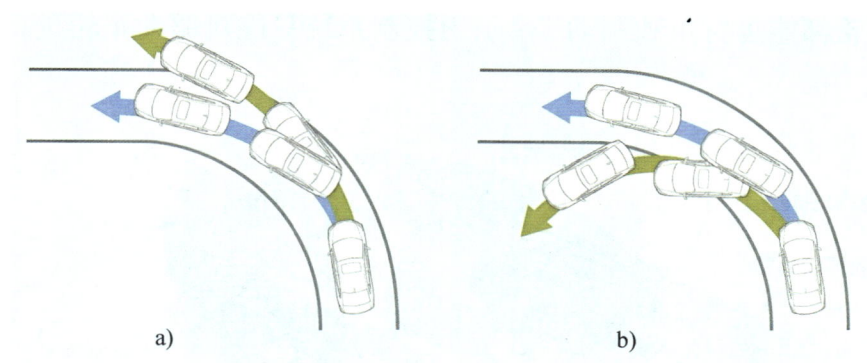

图 2-2 转向不足与转向过度
a）转向不足 b）转向过度

三、车身稳定控制系统的作用

车身稳定控制系统的作用是检测在滑溜路面上突然转向和侧滑情况（出现转向不足或转向过度现象），然后为各个车轮和发动机提供最佳的制动控制，使前轮打滑和后轮打滑减小，保障汽车按理想的驾驶路线行驶，如图 2-3 所示。

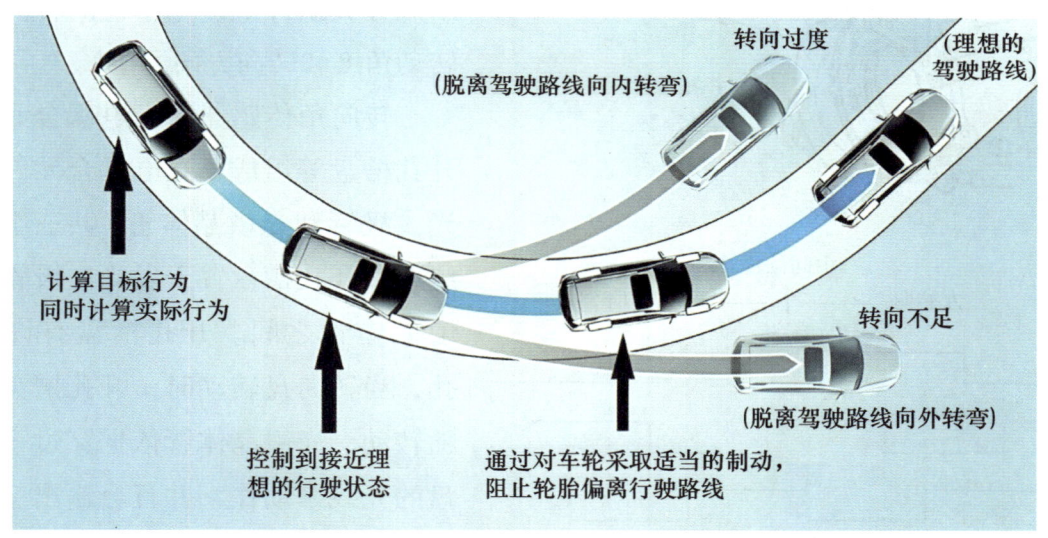

图 2-3 车身稳定控制系统的作用

四、车身稳定控制系统的组成

车身稳定控制系统是由传感器、电子控制单元和执行器等组成的，但车身稳定控制系统大部分元件与防抱死制动系统和牵引力控制系统共用，传感器在原来防抱死制动系统和牵引力控制系统的基础上增加转向角传感器、横摆率传感器等；电子控制单元增加车身稳定控制系统的控制功能；执行器则在原来防抱死制动系统和牵引力控制系统执行器的基础上改进功能，使车身稳定控制系统制动供能装置可以对每一个车轮都能进行单独制动（牵引力控制系统只能对驱动车轮进行制动），如图 2-4 所示。

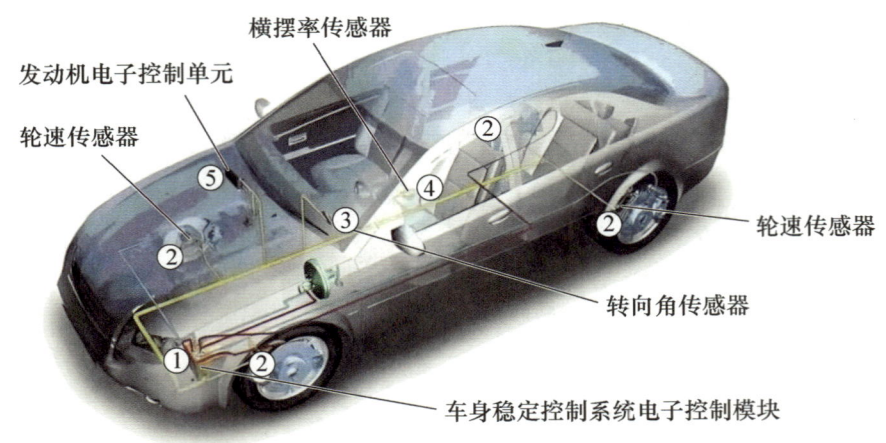

图 2-4　车身稳定控制系统的组成

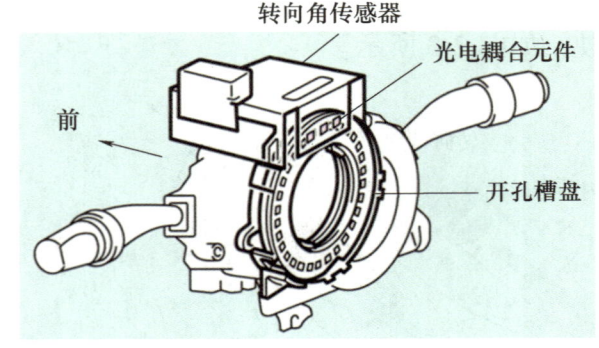

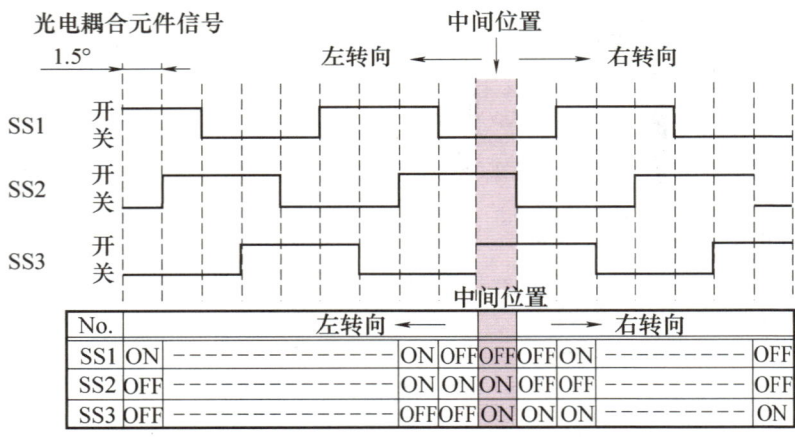

图 2-5　转向角传感器的结构与输出信号

1. 转向角传感器

转向角传感器一般安装在转向指示灯开关组件上，用于检测转向盘的转动角度和转向方向。

转向角传感器由光电耦合元件和开孔槽盘等组成。光电耦合元件由发光二极管和光敏晶体管（共三组）等组成，开孔槽盘置于发光二极管和光敏晶体管之间。开孔槽盘有许多小孔，当转向盘转动时，开孔槽盘会跟随转动。光敏晶体管依据穿过开孔槽盘的光线来动作，并且会输出三组数字脉冲信号（分别是 SS1、SS2、SS3）。电子控制模块会根据三组信号的组合信号来辨认转向盘的转向角度、转动方向和转速，如图 2-5 所示。

2. 横摆率传感器

横摆率传感器安装在车厢中间位置的横梁上，用于检测车辆的横摆角速度和侧向加速度。内部使用音叉形振荡式陀螺仪，各谐振荡器传感器由一个振荡部分和一个检测部分组成，它们成 90°布置形成一个单位。压电陶瓷元件连接到振荡元件和检测元件两个部分上。压电陶瓷的特性是，当向它施加电压时会使其变形，当压电陶瓷变形时，就会产生电压。为了检测横摆速率，对振荡部分施加交流电电压，使它振荡，然后按照压电陶瓷元件的变形大小和方向，从检测部分中检测出横摆速率，该横摆速率是由谐振点周围产生的科里奥利力（简称为科氏力，是对旋转体系中进行直线运动的质点由于惯性相对于旋转体系产生的直线运动的偏移的一种描述）引起的。当车辆直线行驶未产生横摆时，传感器输出 2.5V 电压；当车辆左转行驶产生横摆时，传感器输出小于 2.5V 电压；当车辆右转行驶产生横摆时，传感器输出大于 2.5V 电压，且产生的电压高低随着横摆大小的变化而变化，如图 2-6 所示。

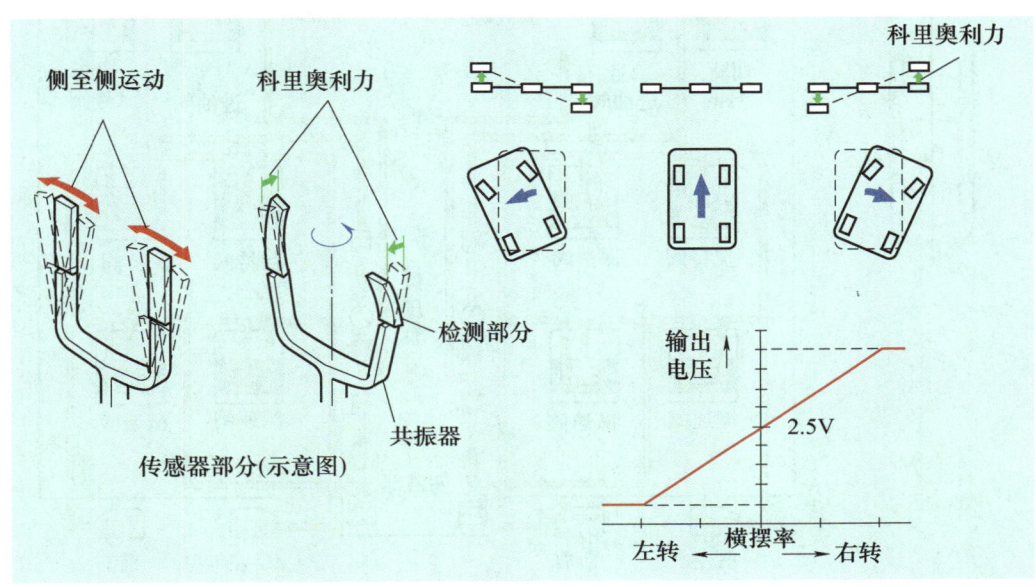

图 2-6　横摆率传感器的工作过程与输出信号

3. 车身稳定控制系统电子控制模块

车身稳定控制系统没有独立的电子控制模块，它是将功能融入防抱死制动系统电子控制单元内，负责将传感器采集到的数据进行计算，算出车身状态，然后与存储器里面预先设定的数据进行比对。当计算机计算数据超出存储器预存的数值，即车身临近失控或者已经失控的时候，则命令执行器工作，以保证车身行驶状态能够尽量满足驾驶人的意图。

4. 车身稳定控制系统执行装置

车身稳定控制系统没有独立的执行器，它就是在防抱死制动系统执行器的基础上增加一个能单独对车轮进行制动的制动系统，可以在驾驶人没踩制动踏板的时候替驾驶人向车轮的制动油管加压，对各个车轮单独施加精确的制动力，使车辆保持稳定行驶。另外，车身稳定控制系统还能控制发动机的动力输出和干预变速器的档位。

具备车身稳定控制系统功能的执行装置内部结构如图 2-7 所示，它是在防抱死制动系统执行器结构的基础上增加一个液压泵、两个进油阀和两个切断阀。车身稳定控制系统未工作时，两个进油阀处于常闭状态，两个切断阀处于常开状态。

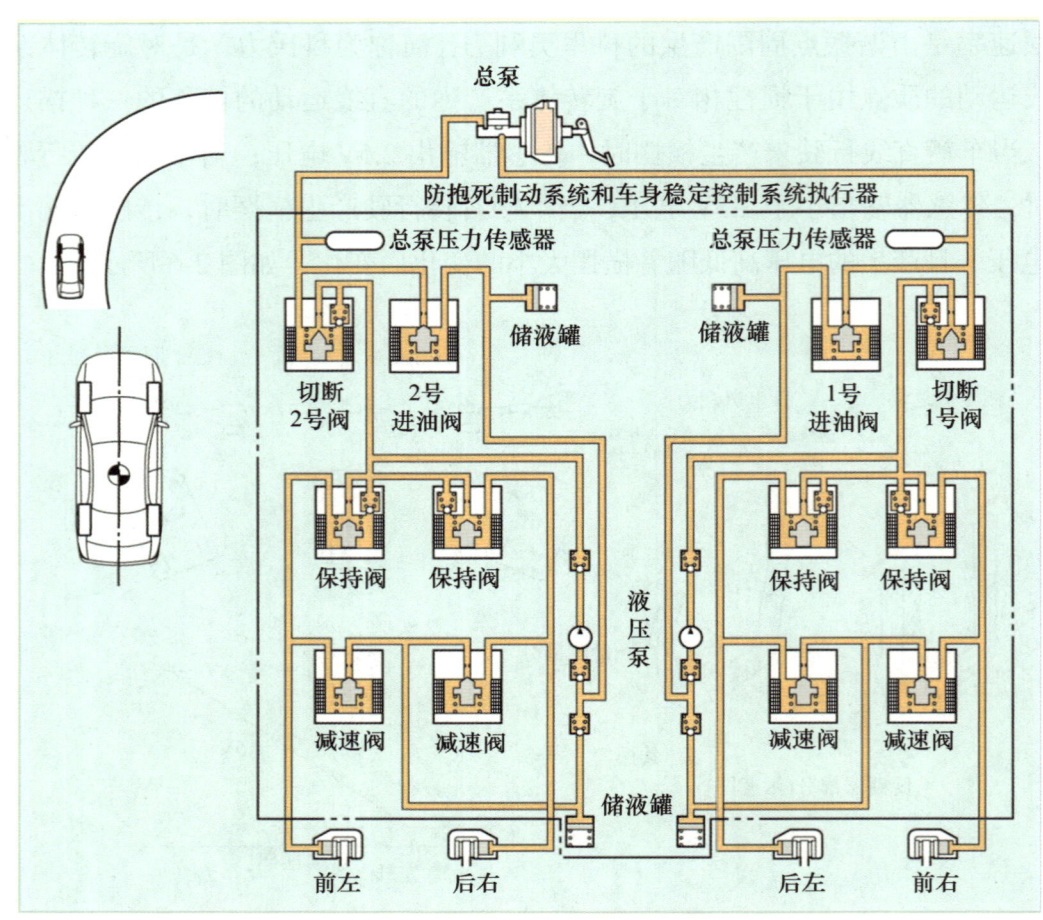

图 2-7　具备车身稳定控制系统功能的执行装置内部结构

5. 显示装置

装备车身稳定控制系统的车辆一般在仪表板上安装有车身稳定控制系统 OFF 开关，如图 2-8 所示，在某些特定情况或路况下驾驶人可以关闭该功能，还在仪表盘上有车身稳定控制系统指示灯，当用车身稳定控制系统开关关闭车身稳定控制系统功能时，仪表盘上的车身稳定控制系统指示灯就会点亮，如图 2-9 所示，或者当车身稳定控制系统有故障时也会点亮。

图 2-8　车身稳定控制系统 OFF 开关

图 2-9　车身稳定控制系统 OFF 指示灯

五、车身稳定控制系统执行器的工作原理

车身稳定控制系统工作时,首先通过转向盘转角传感器、轮速传感器信号识别转弯方向、角度和速度,从而判断驾驶人的驾驶意图;车辆是否出现前轮打滑是由目标横摆率和车辆实际横摆率之差决定的。车辆的实际横摆率小于驾驶人操作转向盘时应该产生的目标横摆率(由车速和转向角确定)时,表明车辆正在以比目标行驶轨迹更大的角度转弯(出现转向不足)。由此,电子控制单元判定前轮打滑的趋势较大。就会立即指令两个液压泵、两个进油阀、两个切断阀和后左轮保持阀通电,液压泵产生的液压力传送到前左、后右和前右三个轮缸,三个车轮制动力将对汽车产生一个与转向方向相同的力矩,纠正转向不足,使汽车回到正常的路线,按照驾驶人的驾驶意图行驶,如图2-10所示。

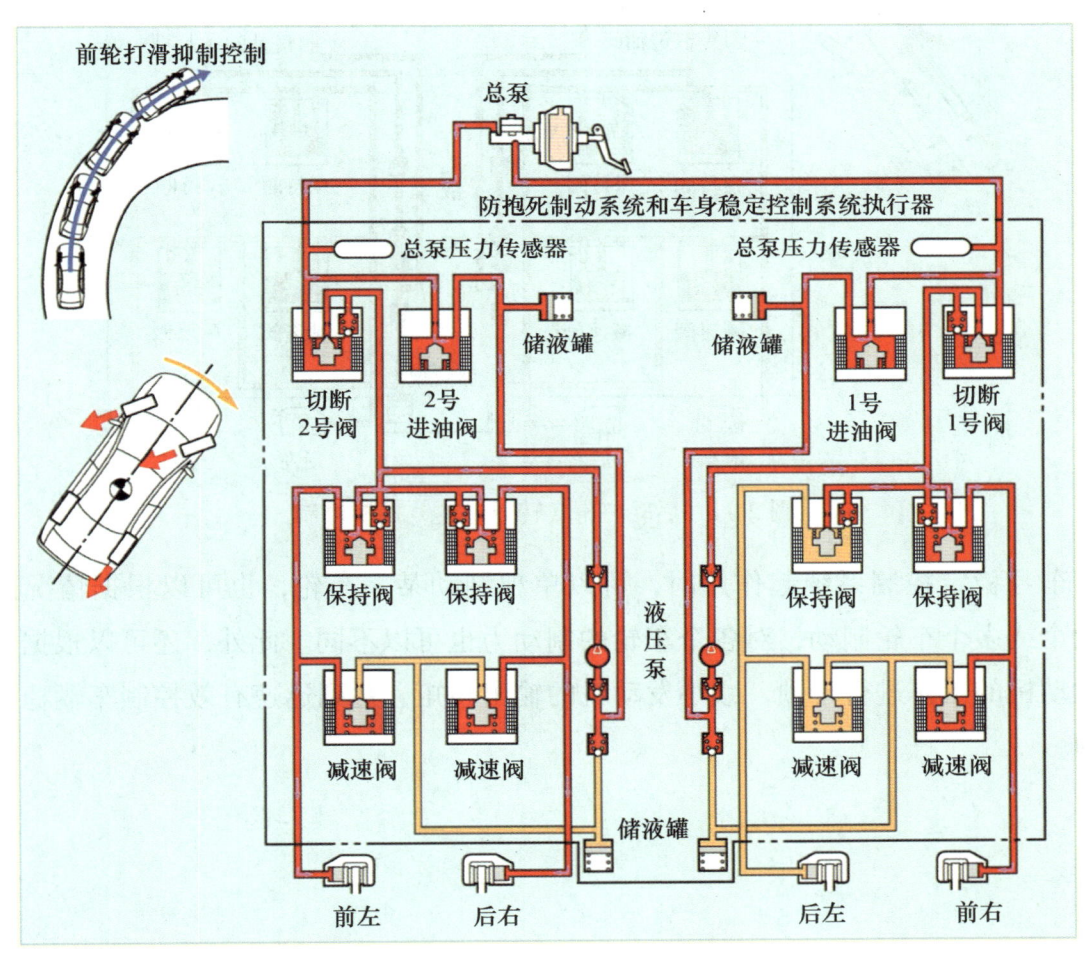

图2-10　前轮打滑(转向不足)抑制控制

反之,车辆的实际横摆率大于驾驶人操作转向盘时应该产生的目标横摆率(由车速和转向角确定)时,表明车辆正在以比目标行驶轨迹更小的角度转弯。由此,电子控制单元判定后轮打滑的趋势较大,则判断为转向过度,电子控制单元立即指

令两个液压泵、两个进油阀、两个切断阀、后右轮保持阀、前右轮保持阀通电，液压泵产生的液压力传送到前左和后左两个轮缸，两个车轮制动力将对汽车产生一个与转向方向相反的力矩，纠正转向过度，使汽车回到正常的路线，如图 2-11 所示，从而保障汽车按照驾驶人的驾驶意图行驶。

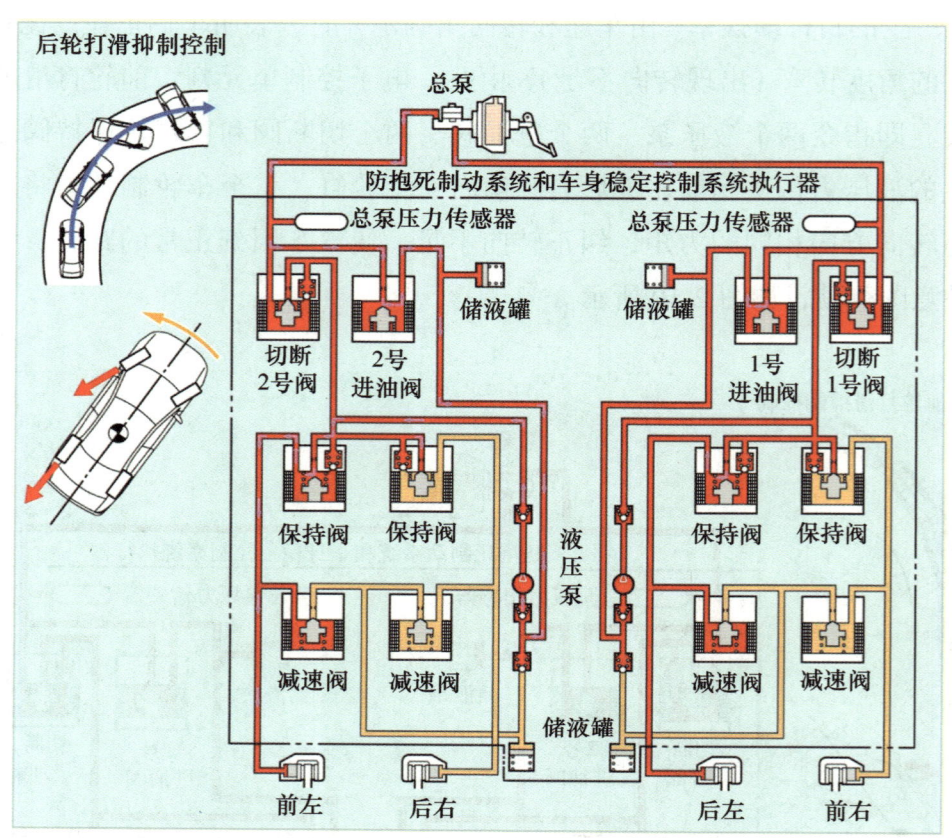

图 2-11　后轮打滑（转向过度）抑制控制

车身稳定控制系统起作用时，可以单独制动某一车轮，也可以根据情况同时对两个或多个车轮制动，对各个车轮的制动力也可以不同。此外，还可以根据情况对发动机的工作进行干预，减小发动机的输出转矩，达到迅速有效控制车辆稳定的目的。

任务二 车身稳定控制系统的检修

| 车身稳定控制系统的检修 | 学习任务单 | 班级：
姓名： |

1. 车身稳定控制系统是近些年发展起来的一种电子装置，是对_____和牵引力控制功能的继承与进一步扩展。在德系车上称为_____，在日系车上称为_____。

2. 如果汽车只有前轮侧滑，后轮没有侧滑，汽车将驶出转弯路面的外侧，这种情况会造成_____；如果汽车只有后轮侧滑，前轮没有侧滑，汽车将驶出转弯路面的内侧，这种情况会造成_____。

3. 车身稳定控制系统的作用是检测在滑溜路面上突然转向和侧滑情况（出现转向不足或转向过度现象），然后为各个车轮和发动机提供最佳的_____控制，使前轮打滑和后轮打滑减小，保障汽车按理想的驾驶路线行驶。

4. 写出下图中画线所指零件的名称：

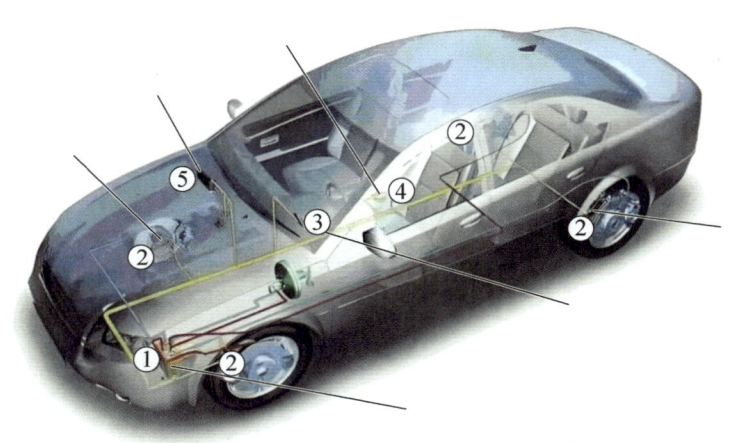

5. 转向角传感器一般安装在_____组件上，用于检测转向盘的_____和转向方向。转向角传感器由_____和开孔槽盘等组成。

6. 横摆率传感器安装在_____上，用于检测车辆的_____和侧向加速度。当车辆直线行驶未产生横摆时，传感器输出_____V电压；当车辆左转行驶产生横摆时，传感器输出_____V电压；当车辆右转行驶产生横摆时，传感器输出_____V电压，且产生的电压高低随着横摆大小的变化而变化。

7. 车身稳定控制系统没有独立的电子控制模块，它是将功能融入_____内，负责将传感器采集到的数据进行计算，算出车身状态，然后与存储器里面预先设定的数据进行比对。当计算机计算数据超出存储器预存的数值，即车身临近失控或者已经失控的时候，则命令执行器工作，以保证车身行驶状态能够尽量满足驾驶人的意图。

8. 车身稳定控制系统没有独立的执行器，它就是在防抱死制动系统执行器的基础上增加一个能_____的制动系统，可以在驾驶人没踩制动踏板的时候替驾驶人向车轮的制动油管加压，对各个车轮单独施加精确的制动力，使车辆保持稳定行驶。它是在防抱死制动系统执行器结构的基础上增加_____个液压泵、两个_____和_____个切断阀。

9. 装备车身稳定控制系统的车辆一般在仪表板上安装有_____开关，在某些特定情况或路况下驾驶人可以关闭该功能，还在仪表盘上有_____灯。

10. 车身稳定控制系统工作时，首先通过_____传感器、轮速传感器信号识别转弯方向、角度和速度，从而判断驾驶人的驾驶意图；再通过_____传感器，当电子控制单元判定前轮打滑的趋势较大时，就会对相应车轮制动，使汽车产生一个与转向方向_____的力矩，纠正转向不足；当电子控制单元判定后轮打滑的趋势较大，则判断为转向过度，就会对相应车轮制动，使汽车产生一个与转向方向_____的力矩，纠正转向过度，使汽车回到正常的路线，从而保障汽车按照驾驶人的驾驶意图行驶。

实训任务 车身稳定控制系统的检修

一、实训器材

丰田卡罗拉（1.8L）轿车、故障诊断仪、常用维修工具和维修手册等。

二、作业准备

车辆在工位停放周正，铺好车内和车外护套。

三、操作步骤

1. 车身稳定控制系统警告灯和指示灯的检查

打开点火开关，车身稳定控制系统 OFF 指示灯应点亮 2~3s 后熄灭，如果指示灯常亮，可按下车身稳定控制系统关闭开关，如指示灯熄灭，说明是由于开关关闭造成指示灯常亮；如指示灯还是常亮，说明车身稳定控制系统有故障，需要进行下一步检查。

2. 横摆率传感器的检查与拆装

（1）使用故障诊断仪检查横摆率传感器

1）将车辆在水平面上保持静止状态 1s 或更长时间。

2）将变速杆从 P 位移至 D 位，车辆以约 5km/h 的速度行驶，并将转向盘向左或向右旋转 90° 或更大角度，直至车辆转过 180°。

3）停下车辆并将变速杆移至 P 位，检查并确认防滑控制蜂鸣器持续鸣响 3s。

提示如下：

① 如果防滑控制蜂鸣器鸣响，传感器检查正常完成。

② 如果防滑控制蜂鸣器不鸣响，检查防滑控制蜂鸣器电路，然后再次进行以上检查步骤。

③ 如果防滑控制蜂鸣器不鸣响，横摆率传感器可能有故障。用故障诊断仪检查是否有横摆率传感器故障码。

④ 进行 180° 的转弯操作。转弯结束时，车辆的方向应该在其起始位置的（180°±5°）以内。

⑤ 不要让车轮打滑。

⑥ 转弯时不要将发动机开关置于"OFF"位置。

⑦ 转弯时不要将变速杆移至 P 位，但可以变速、停车或倒车。

（2）拆卸横摆率传感器

1）断开蓄电池负极端子。

2）拆卸前排左、右座椅及滑轨盖。

3）拆下横摆率传感器两个固定螺栓及支架，如图2-12所示。

4）从横摆率传感器上断开插接器，如图2-13所示。

5）取下横摆率传感器。

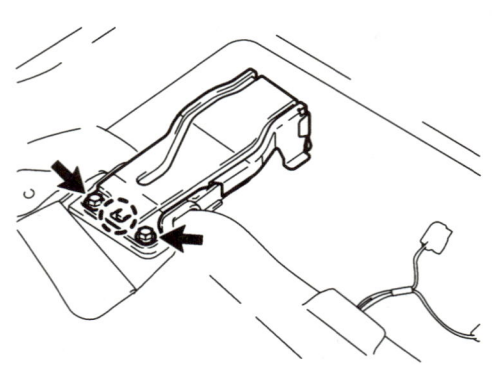

图2-12　横摆率传感器螺栓与支架

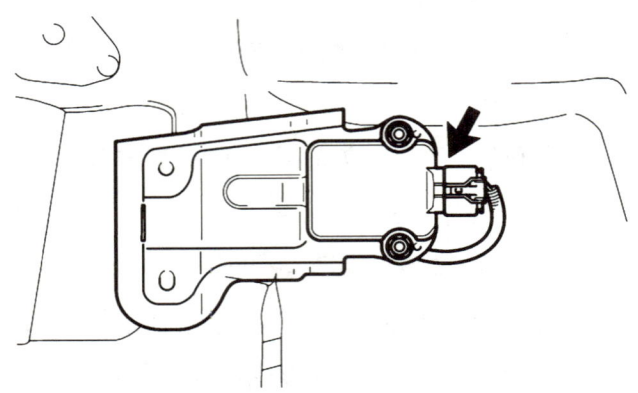

图2-13　断开横摆率传感器插接器

（3）安装横摆率传感器

1）将插接器连接至横摆率传感器，确保连接牢固，如图2-14所示。

2）将横摆率传感器支架上的卡爪插入横摆率传感器，并用两个螺栓安装传感器，如图2-15所示，转矩为20N·m。

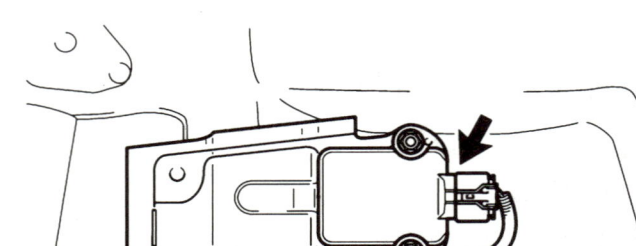

图2-14　连接横摆率传感器插接器

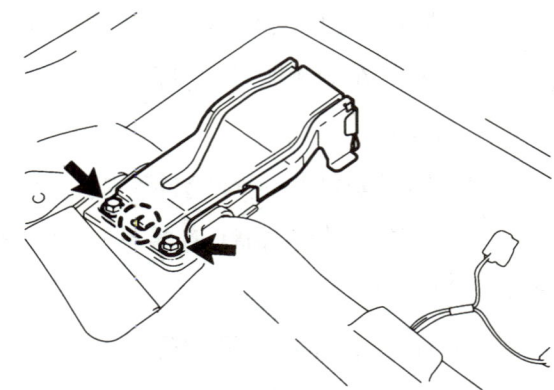

图2-15　支架上的卡爪插入横摆率传感器

注意事项

① 防止异物黏附到横摆率和加速度传感器支架之间的区域和车身上。

② 不要损坏横摆率和加速度传感器。

③ 确保横摆率和加速度传感器安装牢固。

3）安装前排左、右座椅及滑轨盖。

4）安装蓄电池负极端子。

5）检查车身稳定控制系统指示灯是否正常。

3. 车身稳定控制系统 OFF 开关的拆装与检查

（1）拆卸车身稳定控制系统 OFF 开关

1）从蓄电池负极端子断开电缆。

2）拆卸仪表板下装饰板总成。

3）分离两个卡爪并拆下车身稳定控制系统 OFF 开关，如图 2-16 所示。

（2）检查车身稳定控制系统 OFF 开关

1）松开与按下车身稳定控制系统 OFF 开关并测量各端子的阻值，如图 2-17 所示，测量各端子的电阻，详见表 2-1。如果结果不符合规定，则更换开关。

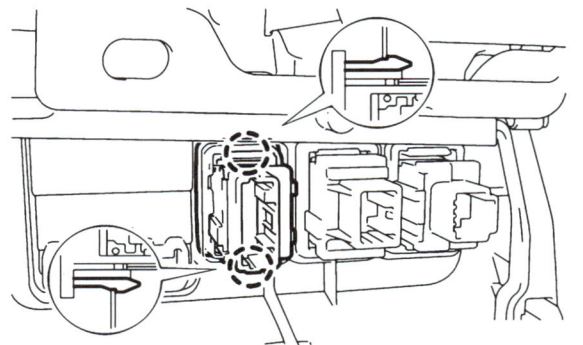

图 2-16 拆卸车身稳定控制系统 OFF 开关

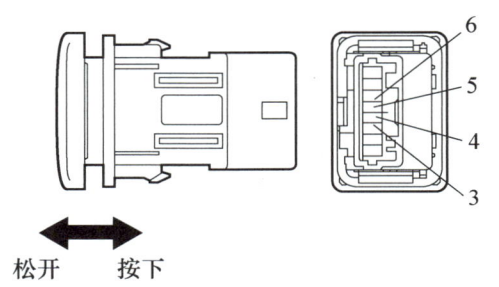

图 2-17 检查车身稳定控制系统 OFF 开关

表 2-1 各端子的电阻

故障诊断仪连接	开关状态	规定状态
3—6	松开	10kΩ 或更大
3—6	按下	小于 25Ω

2）按表 2-2 状况检查照明工作情况。如果结果不符合规定，则更换车身稳定控制系统 OFF 开关。

表 2-2 照明工作情况

故障诊断仪连接	开关状态	规定状态
4—5	将蓄电池正极（+）引线连接至端子 5、将蓄电池负极（-）引线连接至端子 4	LED 灯亮起

（3）安装车身稳定控制系统 OFF 开关

1）接合两个卡爪并安装车身稳定控制系统 OFF 开关，如图 2-18 所示。

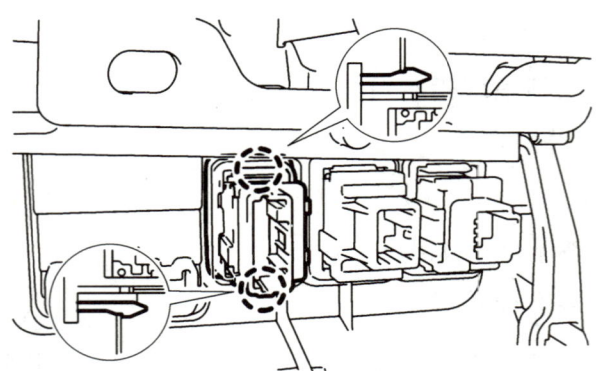

图 2-18　安装车身稳定控制系统 OFF 开关

2）安装仪表板下装饰板总成。

3）连接蓄电池负极端子。

4）检查车身稳定控制系统警告灯和指示灯。

任务二 车身稳定控制系统的检修

车身稳定控制系统的检修	工作任务单	班级： 姓名：

1. 车辆信息记录

品牌		整车型号		生产年月	
发动机型号		发动机排量		行驶里程	
车辆识别代号					

2. 故障诊断分析报告

项目	诊断记录
故障现象描述	

相关故障码与数据流分析：

1）故障码读取及分析

故障灯	故障码	故障码说明
□点亮 □正常		

2）故障码相关数据流读取及分析

序号	项目名称	条件	数据	判定
1	转角传感器	转向盘对中时		□异常 □正常
		转向盘打左弯时		
		转向盘打右弯时		
2	横摆率传感器	车身未偏摆时		□异常 □正常
		车身偏摆时		

部件检查与结果分析：

1）车身稳定控制系统开关检查

元件名称	条件	仪表指示灯	判定
车身稳定控制系统OFF开关	松开	□点亮 □未点亮	□异常 □正常
	按下	□点亮 □未点亮	

2）车身稳定控制系统开关检测

元件名称	条件	电阻	标准值	判定
车身稳定控制系统OFF开关	松开时3—6端子			□异常 □正常
	按下时3—6端子			

元件名称	条件	检查结果	判定
车身稳定控制系统开关照明灯	施加12V电压	□点亮 □未点亮	□异常 □正常

3）横摆率传感器检查

元件名称	项目	检查结果	判定
横摆率传感器	安装情况检查		□异常 □正常

部件/电路故障点确认及分析：

维修措施：□维修 □更换 □调整

汽车车身与底盘电控系统检修

车身稳定控制系统的检修		实习日期：	
姓名：	班级：	学号：	导师签名：
自评：□熟练　□不熟练	互评：□熟练　□不熟练	师评：□合格　□不合格	
日期：	日期：	日期：	

车身稳定控制系统的检修【评分细则】

序号	评分项	得分条件	分值	评分要求	自评	互评	师评
1	安全/7S/态度	□1. 能进行工位7S操作 □2. 能进行设备和工具安全检查 □3. 能进行车辆安全防护操作 □4. 能进行工具清洁、校准、存放操作 □5. 能进行三不落地操作	15	未完成1项扣3分，扣分不得超过15分	□熟练 □不熟练	□熟练 □不熟练	□合格 □不合格
2	专业技能能力	作业1 □1. 能正确使用故障诊断仪 □2. 能正确读取故障码 □3. 能正确记录并分析故障码 □4. 能正确读取转向角传感器数据流 □5. 能正确记录分析转向角传感器数据流 □6. 能正确读取横摆率传感器数据流 □7. 能正确记录分析横摆率传感器数据流 作业2 □1. 能正确操作车身稳定控制系统OFF开关 □2. 能正确检查车身稳定控制系统OFF指示灯 □3. 能正确拆卸车身稳定控制系统OFF开关 □4. 能正确检测车身稳定控制系统OFF开关关时电阻 □5. 能正确检查LED照明灯工作情况 □6. 能正确安装车身稳定控制系统OFF开关 作业3 □1. 能正确检查横摆率传感器安装情况 □2. 能正确拆卸横摆率传感器 □3. 能正确安装横摆率传感器	50	未完成1项扣5分，扣分不得超过50分	□熟练 □不熟练	□熟练 □不熟练	□合格 □不合格
3	工具及设备的使用能力	□1. 能正确使用维修工具 □2. 能正确使用万用表 □3. 能正确使用故障诊断仪	10	未完成1项扣3分，扣分不得超过10分	□熟练 □不熟练	□熟练 □不熟练	□合格 □不合格
4	资料、信息查询能力	□1. 能正确使用维修手册查询资料 □2. 能正确记录查询资料的章节及页码 □3. 能正确记录所需维修信息	10	未完成1项扣3分，扣分不得超过10分	□熟练 □不熟练	□熟练 □不熟练	□合格 □不合格
5	数据判断和分析能力	□1. 能分析系统故障码是否正常 □2. 能分析转向角传感器数据流是否正常 □3. 能分析横摆率传感器数据流是否正常 □4. 能判断车身稳定控制系统OFF开关是否正常 □5. 能判断横摆率传感器安装是否正常	10	未完成1项扣3分，扣分不得超过10分	□熟练 □不熟练	□熟练 □不熟练	□合格 □不合格
6	表单填写报告的撰写能力	□1. 字迹清晰 □2. 语句通顺 □3. 无错别字 □4. 无涂改 □5. 无抄袭	5	未完成1项扣1分，扣分不得超过5分	□熟练 □不熟练	□熟练 □不熟练	□合格 □不合格

总分：

任务三　电控转向系统的检修

学习目标

知识目标：
1）掌握电控动力转向系统的类型与特点。
2）掌握电动式电控动力转向系统的组成。

技能目标：
1）会实车拆装电动式电控动力转向系统各部件。
2）会使用故障诊断仪读取电动式电控动力转向系统故障码与数据流。
3）会对电动式电控动力转向系统复位学习。

素养目标：
1）能够在工作过程中与小组其他成员合作、交流，培养团队合作意识，锻炼沟通能力。
2）养成7S的工作习惯。
3）养成服从管理、规范作业的良好工作习惯。

任务描述

一辆丰田卡罗拉轿车用户反映：在打方向时感觉转向盘较以前变重，且仪表内的转向盘指示灯常亮，需要你对转向系统进行检查，确定故障部位并进行修理。

相关知识

在机械转向系统的基础上，加装了转向力可自动调节的液压或电动助力装置的转向系统称为电子控制动力转向系统。转向时，电子控制单元根据转向和车速信号，调节助力的放大倍率。在低车速转向阻力较大时增加放大倍率，使转向轻便灵活；而在高速转向阻力较小时减小转向力放大倍率，保持一定的转向盘转向操纵力，从而使汽车具有较好的转向"路感"。因此，汽车很多采用电控动力转向系统，它直接用电动机产生辅助转矩，不需要发动机的动力，从而可以提高燃油经济性。

电子控制动力转向系统可分为电子/液压助力转向系统（EHPS）和电动式电控动力转向系统（EPS）等形式。

一、电子/液压助力转向系统

液压助力转向系统使用发动机的动力来驱动产生液压力的叶轮泵。电子/液压助力转向系统采用电动机驱动叶轮泵产生液压力,从而产生辅助转矩,当转向时,减小操纵转向盘所需要的动力。因为该系统减小了对发动机载荷,它提高了燃油经济性。电动机转速是由电子控制单元根据车辆速度和转向盘转动角度的诸多数据来进行控制的,如图3-1所示。但由于需要液压系统和电子控制系统两个系统,因此结构较复杂,目前采用的车型较少。

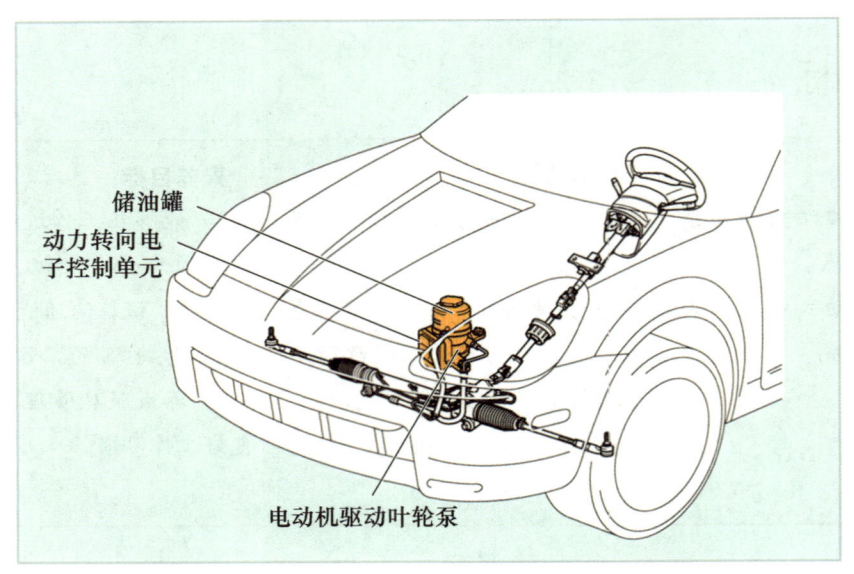

图3-1 电子/液压助力转向系统的结构

二、电动式电控动力转向系统

电动式电控动力转向系统简称EPS,它以直流电动机作为助力源,电子控制单元根据车速和转向参数控制电动机通电电流强度,调节电动机工作转矩,进而控制转向助力的强度。

电动式电控动力转向系统主要由转矩传感器、电动式电控动力转向控制单元(EPS ECU)、直流电动机与减速机构和故障指示灯等组成,如图3-2所示。

1. 转矩传感器

转矩传感器一般与直流电动机制作成一体,当驾驶人操作转向盘时,转向时的转矩通过转向主轴把转矩施加到转矩传感器输入轴上。转矩传感器检测到扭转杆扭转变形,并把与扭

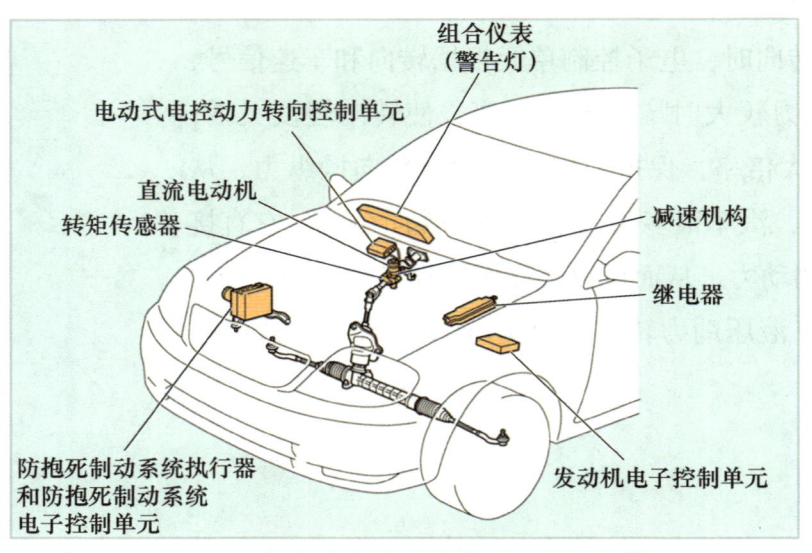

图3-2 电动式电控动力转向系统的结构

转杆扭转成正比的信号电压输出到电子控制单元,如图3-3所示。根据这个信号,电子控制单元计算出当前车速下电动机的辅助转矩并驱动电动机。

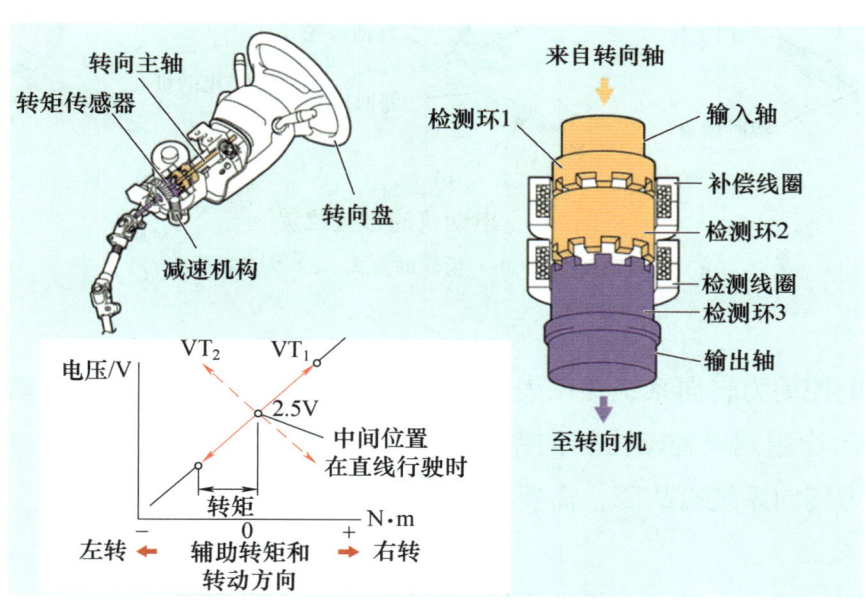

图 3-3　转矩传感器的结构与输出信号

2. 电动式电控动力转向控制单元

电动式电控动力转向控制单元接收来自各种传感器的信号,判断现行的车辆情况,并决定依次施加到直流电动机的辅助电流。

3. 直流电动机与减速机构

直流电动机的作用是将电能转变成机械能输出,它是由转子、定子和电动机轴等组成的;减速机构是由蜗轮蜗杆装置组成的,如图3-4所示。

当电动式电控动力转向控制单元施加辅助电流到直流电动机时,电动机转子产生的转矩传送给减速机构,再把转矩传送给转向主轴,辅助驾驶人使转向车轮偏转。因此,即使直流电动机断开转向主轴的旋转和不固定减速机构,转向盘仍可以转向。

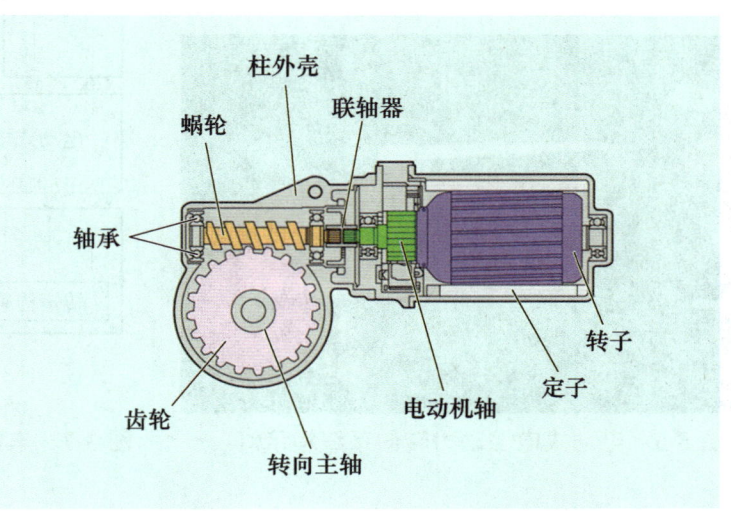

图 3-4　直流电动机与减速机构

根据电动机布置位置的不同,电动转向系统可以分为转向轴助力式、齿轮助力式和齿条助力式三种类型,如图3-5所示。

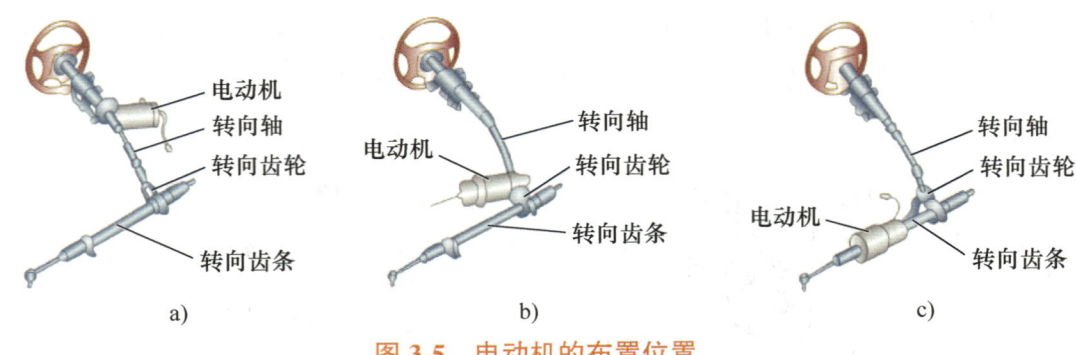

图 3-5 电动机的布置位置

a）转向轴助力式　b）齿轮助力式　c）齿条助力式

4. 警告灯

电动式电控动力转向系统在仪表内有指示灯，如图 3-6 所示，当电动式电控动力转向控制单元检测到电控动力转向系统有故障时，就会点亮该指示灯，以此告诉驾驶人电控动力转向系统有故障，需要检修。

5. 系统电路

丰田卡罗拉轿车电动式电控动力转向系统电路图如图 3-7 所示。

图 3-6 电动式电控动力转向系统指示灯

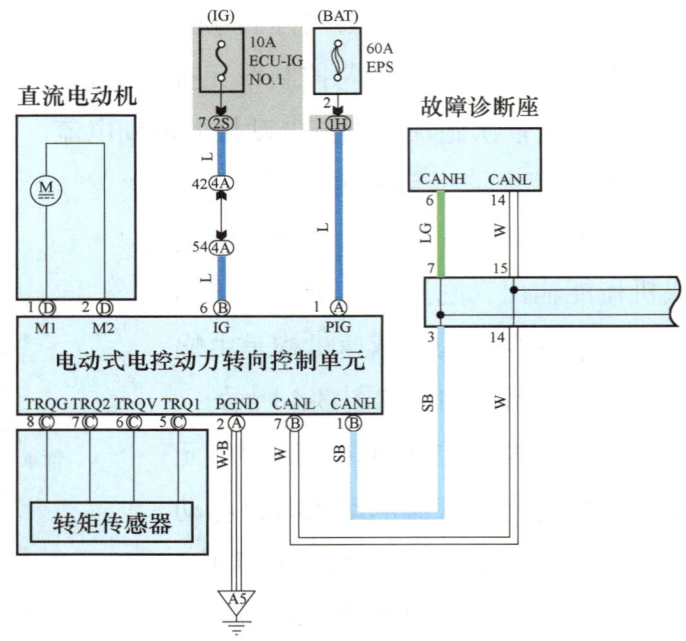

图 3-7 丰田卡罗拉轿车电动式电控动力转向系统电路图

任务三　电控转向系统的检修

| 电控转向系统的检修 | 学习任务单 | 班级：
姓名： |

1. 由于液压助力式转向系统的助力泵需要_____驱动，因此不利于汽车的经济性，而电子控制动力转向系统是用_____作为助力源，因此在汽车上应用得越来越广泛。

2. 电子控制动力转向系统可分为电子/液压助力转向系统和_____转向系统，英文字母简称为_____。

3. 写出图中数字所指零件的名称：

①_____　　②_____　　③_____

④_____　　⑤_____　　⑥_____

⑦_____　　⑧_____　　⑨_____

4. 转矩传感器的作用是检测扭转杆扭转变形，并把与扭转杆扭转成正比的_____输送到电子控制单元（ECU）。

5. 直流电动机的作用是把电子控制单元输送的电能转变成_____能输出，来辅助驾驶人转向。

6. 当仪表内的 灯打开点火开关后常亮时，说明_____系统可能有故障。你会采取的维修方案是：_____

实训任务　电控转向系统的检修

一、实训器材
丰田卡罗拉轿车、故障诊断仪、小型转矩扳手、常用维修工具和维修手册等。

二、作业准备
车辆在工位停放周正，铺好车内和车外护套。

三、操作步骤

1. 故障码与数据流的读取
1）将点火开关置于"OFF"位置，然后将故障诊断仪连接到故障诊断座。
2）将点火开关置于"ON"（IG）位置，并按下诊断仪电源键。
3）选择要检测的车型，进入动力转向系统。
4）选择读取故障码，并记录故障码。
5）清除故障码，再重新读取故障码。
6）选择读取数据流，并记录重要的数据流参数，再查询维修手册与标准参数对比，检查数据流是否正常。
7）根据故障码和异常数据流信息，对照维修手册故障诊断流程查找故障原因。

2. 转矩传感器零点校正（复位学习）
当更换转向柱总成、动力转向电子控制单元或左右转向力矩有差异时，必须进行转矩传感器复位学习。

1）将转向盘置于中心位置，并将前车轮对准正前方。
2）将点火开关置于 OFF 位置，然后将故障诊断仪连接到故障诊断座。
3）将点火开关置于 ON（IG）位置，并打开诊断仪。
4）选择"Utility"（工具包）。
5）选择"Torque Sensor Adjustment"（转矩传感器调整），并等待。

> **注意事项**
> 转矩传感器零点校正过程中不要触碰转向盘。

6）零点校正完成后，再次读取故障码，确保没有故障码输出。
7）退出诊断仪，并关闭诊断仪和点火开关，最后回收诊断仪。

3. 转向力矩（助力功能）检查
1）将两前轮转向正前位置。

2）选用合适扳手拆下蓄电池负极接头。

> **注意事项**
>
> 断开电缆后等待 90s，以防止气囊工作。

3）用一字螺钉旋具缠好胶带或用内饰撬板拆下转向盘左、右侧装饰盖，如图 3-8 所示。

4）选用合适工具拆下主气囊的两个固定螺栓，如图 3-9 所示。

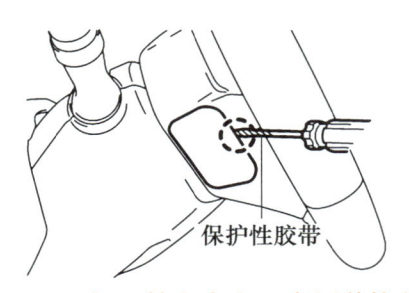

图 3-8　拆下转向盘左、右侧装饰盖

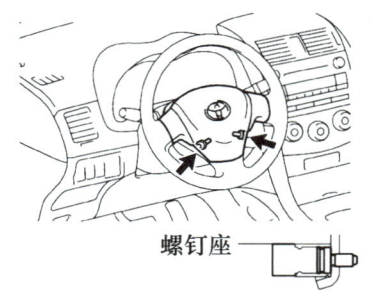

图 3-9　拆下主气囊的两个固定螺栓

5）断开气囊线束插接器和喇叭线束插接器。

6）将主气囊放置到安全的位置。

> **注意事项**
>
> 放置时气囊正面一定朝上，严禁气囊正面朝下放置。

7）将电缆连接至蓄电池负极端子。

8）选用转矩扳手与合适套筒，检查并确认转向盘固定螺母是否拧紧，先查询维修手册，找到转向盘固定螺母的标准转矩。

9）将点火开关置于 ON（IG）位置（发动机停止），以使动力转向做好工作准备。

10）选用小型转矩扳手与合适套筒，将转向盘向左或向右转动 90°，检查转向力矩，如图 3-10 所示（参考转向力矩为 5.5N·m）。

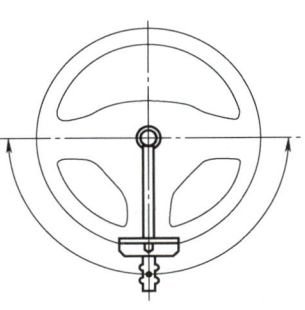

图 3-10　检查转向力矩

11）将前轮对准正前位置。

12）从蓄电池负极端子断开电缆。

13）安装主气囊的线束插接器和喇叭线束插接器。

14）安装主气囊的两个固定螺栓，然后再安装两侧装饰盖。

15）将电缆连接至蓄电池负极端子并拧紧。

汽车车身与底盘电控系统检修

电控转向系统的检修	工作任务单	班级： 姓名：

1. 车辆信息记录

品牌		整车型号		生产年月	
发动机型号		发动机排量		行驶里程	
车辆识别代号					

2. 故障码与数据流读取

读取故障码为	

参数名称	方向回正数据	左满转向数据	右满转向数据
蓄电池电压			
转向盘角度			
转向输出转矩			
计算的系统温度			

3. 转向复位学习

复位学习	□已执行　□否

4. 转向力矩（助力功能）检查

项目名称	记录
对正转向盘	□已执行　□否
断开蓄电池负极 1min	□已执行　□否
拆卸转向盘主气囊	□已执行　□否
紧固转向盘固定螺母	N·m　　　　　　　　□紧固　□否
检查转向力矩	N·m　　　　　　　　□正常　□异常

5. 查询维修手册

序号	部件名称	章节及页码	规格（公制）
1		第　　章　　　页	
2		第　　章　　　页	
3		第　　章　　　页	

任务三 电控转向系统的检修

电控转向系统的检修		实习日期：	
姓名：	班级：	学号：	导师签名：
自评：□熟练　□不熟练	互评：□熟练　□不熟练	师评：□合格　□不合格	
日期：	日期：	日期：	

电控转向系统的检修【评分细则】

序号	评分项	得分条件	分值	评分要求	自评	互评	师评
1	安全/7S/态度	□1. 能进行工位 7S 操作 □2. 能进行设备和工具安全检查 □3. 能进行车辆安全防护操作 □4. 能进行工具清洁、校准、存放操作 □5. 能进行三不落地操作	15	未完成1项扣3分，扣分不得超过15分	□熟练 □不熟练	□熟练 □不熟练	□合格 □不合格
2	专业技能能力	作业 1 □1. 能正确读取电控转向系统故障码 □2. 能正确清除电控转向系统故障码 □3. 能正确读取电控转向系统数据流 □4. 能正确进行电控转向复位学习 作业 2 □1. 能正确对正转向盘 □2. 能正确拆装蓄电池负极 □3. 能正确拆卸转向盘主气囊 □4. 能正确紧固转向盘固定螺母 □5. 能正确检查转向力矩 □6. 能正确安装转向盘主气囊	50	未完成1项扣5分，扣分不得超过50分	□熟练 □不熟练	□熟练 □不熟练	□合格 □不合格
3	工具及设备的使用能力	□1. 能正确使用故障诊断仪 □2. 能正确选用维修工具 □3. 能正确使用维修工具 □4. 能正确使用专业工具	10	未完成1项扣3分，扣分不得超过10分	□熟练 □不熟练	□熟练 □不熟练	□合格 □不合格
4	资料、信息查询能力	□1. 能正确使用维修手册查询资料 □2. 能正确记录查询资料章节及页码 □3. 能正确记录所需维修信息	10	未完成1项扣3分，扣分不得超过10分	□熟练 □不熟练	□熟练 □不熟练	□合格 □不合格
5	数据判断和分析能力	□1. 能判断电控转向功能是否正常 □2. 能判断转向盘固定螺母是否紧固 □3. 能判断转向力矩是否正常	10	未完成1项扣3分，扣分不得超过10分	□熟练 □不熟练	□熟练 □不熟练	□合格 □不合格
6	表单填写报告的撰写能力	□1. 字迹清晰 □2. 语句通顺 □3. 无错别字 □4. 无涂改 □5. 无抄袭	5	未完成1项扣1分，扣分不得超过5分	□熟练 □不熟练	□熟练 □不熟练	□合格 □不合格
总分：							

任务四

电控悬架系统的检修

🔧 学习目标

知识目标：
1) 掌握电控悬架系统的作用与组成。
2) 能认知电控悬架系统各部件。
3) 掌握电控悬架系统的工作过程。

技能目标：
1) 会对电控悬架系统进行基本设定与调整。
2) 会使用诊断仪读取电控悬架系统故障码与数据流。
3) 会检查电控悬架系统的泄漏。

素养目标：
1) 能够在工作过程中与小组其他成员合作、交流，培养团队合作意识，锻炼沟通能力。
2) 养成7S的工作习惯。
3) 养成服从管理、规范作业的良好工作习惯。

🚗 任务描述

一辆丰田雷克萨斯汽车用户反映：电控悬架指示灯常亮，且车身高度不能手动调节，需要你对电控悬架系统进行检查，确定故障部位并进行修理。

相关知识

一、电控悬架系统的作用

传统的悬架系统一般具有固定的弹簧刚度和减振器阻尼，不能同时满足汽车行驶平顺性和操纵稳定性的要求。降低弹簧刚度，平顺性会更好，使乘坐舒适，但由于悬架偏软，会使操纵稳定性变差；而增加弹簧刚度会提高操纵稳定性，但较硬的弹簧又使车辆对路面的不平度很敏感，使平顺性降低。因此，理想的悬架系统应在不同的使用条件下具有不同的弹簧刚度和减振器阻尼力，它能在起动和加速时防后坐，能在正常行驶时乘坐更平顺，转弯时抗侧倾，高速行驶时提高稳定性，制动时防俯冲等，如图4-1所示，电控悬架系统就是这种理想的悬架系统，装配电控悬架的汽车如图4-2所示。

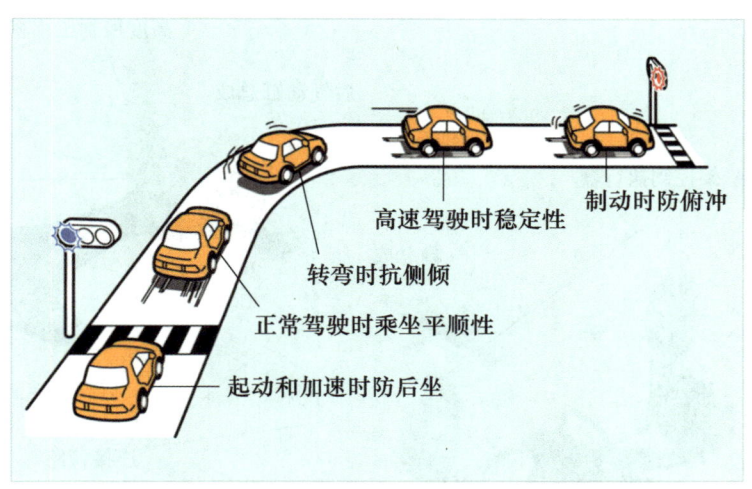

图 4-1 理想的汽车悬架系统

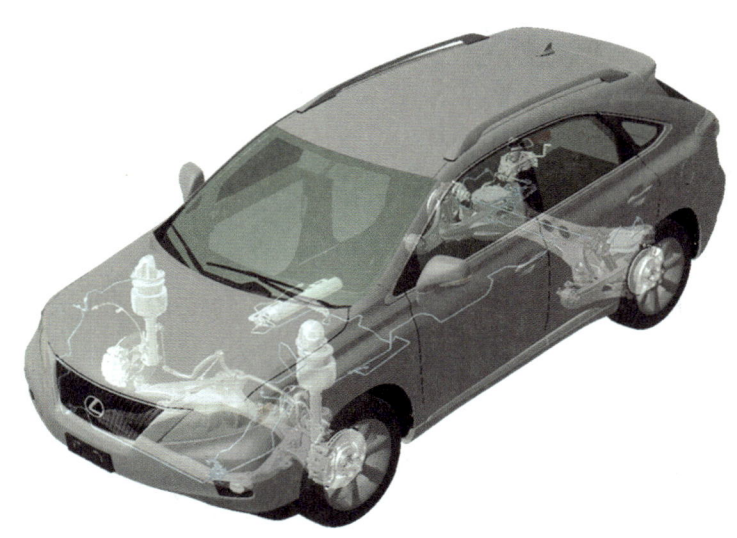

图 4-2 装配电控悬架的汽车

二、电控悬架系统的类型

电控悬架系统主要有半主动悬架和主动悬架。半主动悬架是指悬架元件中的弹簧刚度和减振器阻尼力之一可以根据需要进行调节。而主动悬架能根据需要自动调节弹簧刚度和减振器的阻尼力,从而能够同时满足汽车行驶平顺性和操纵稳定性等各方面的要求。主动悬架按照弹簧的类型,又可以分为空气弹簧主动悬架和油气弹簧主动悬架。其中,应用空气弹簧主动悬架的汽车较多。

三、电控悬架系统的组成

电控悬架系统主要由开关、传感器、电子控制单元与执行器等组成。图 4-3 所示为雷克萨斯汽车电控悬架系统的元件图。

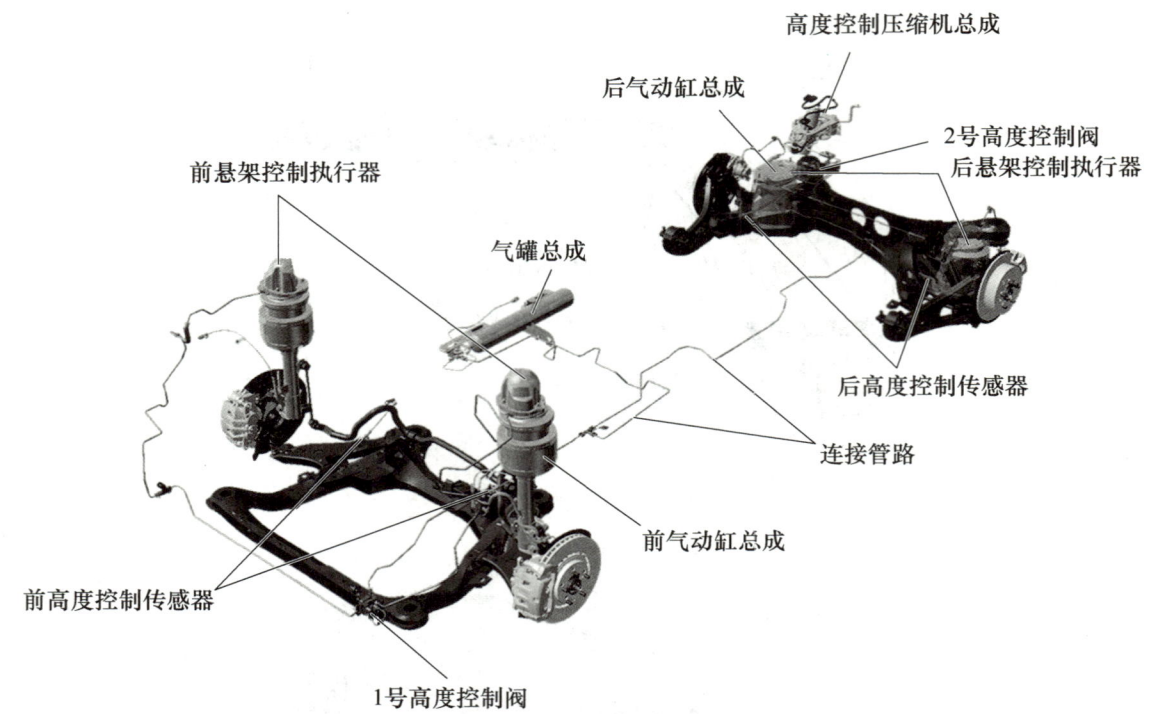

图 4-3 雷克萨斯汽车电控悬架系统的元件图

1. 开关与指示灯

电控悬架系统开关主要有阻尼方式选择开关、高度控制开关、停车灯开关和门控灯开关等,如图 4-4 所示。

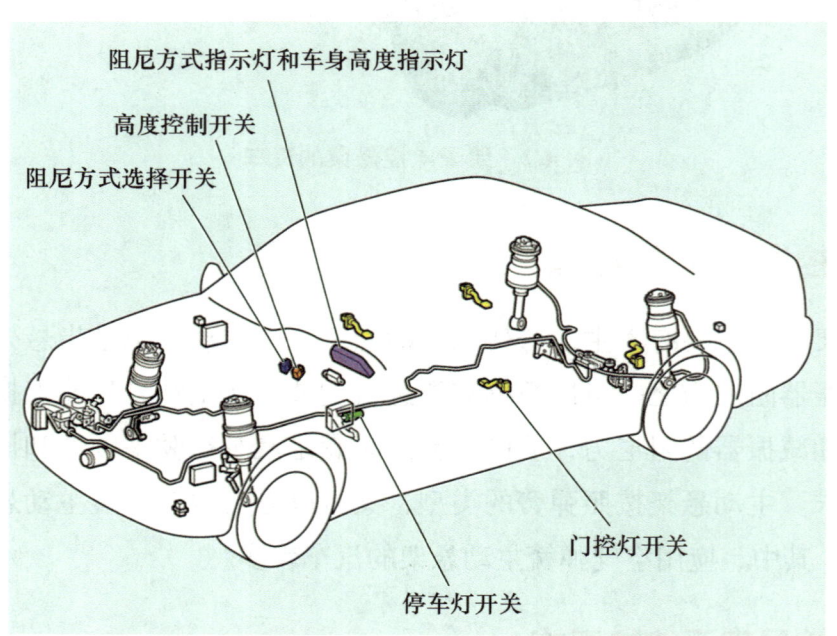

图 4-4 雷克萨斯汽车电控悬架系统开关与指示灯位置

(1) 阻尼方式选择开关　阻尼方式选择开关可以改变减振器的阻尼力。开关上有 COMFORT(正常)和 SPORT(运动)两个标识,从 COMFORT(正常)转换到

SPORT（运动）可将阻尼力从软变成硬，如图4-5所示。

（2）**高度控制开关** 高度控制开关可以改变车高设定值。从NORM（正常）或LOW（低位）转换到HIGH（高位），就会将车高从低位变化到高位，如图4-6所示。

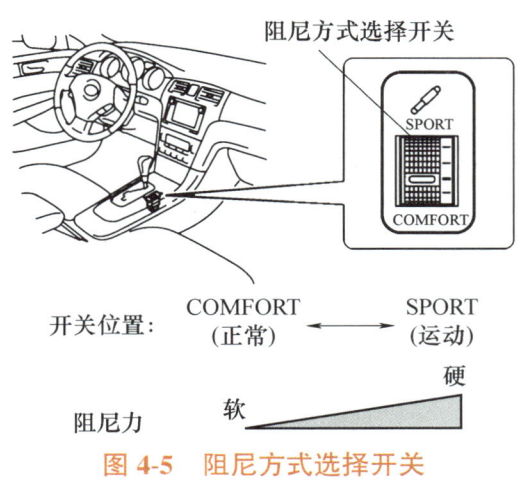

图4-5 阻尼方式选择开关

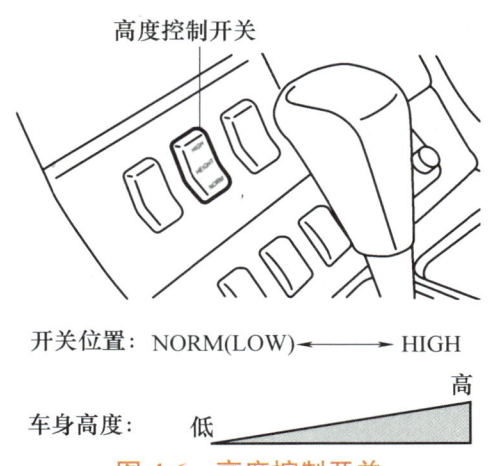

图4-6 高度控制开关

（3）**高度控制OFF开关** 高度控制OFF开关位于仪表板的左下位置，如图4-7所示。当把此开关打到"ON"位置时，系统可按选择方式自动控制车身高度；当把此开关置于"OFF"位置时，系统不能执行车身高度控制。

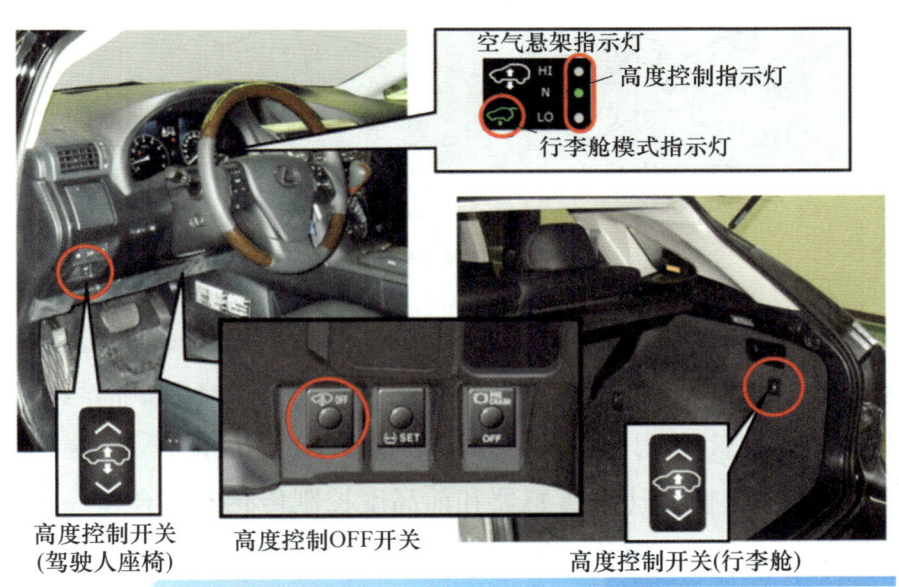

图4-7 高度控制OFF开关

（4）**阻尼方式指示灯和车高指示灯** 该阻尼方式指示灯用阻尼方式选择开关进行方式选择时点亮，车高指示灯用高度控制开关进行方式选择时点亮。同时，这些指示灯在系统故障过程中会闪烁，如图4-8所示。

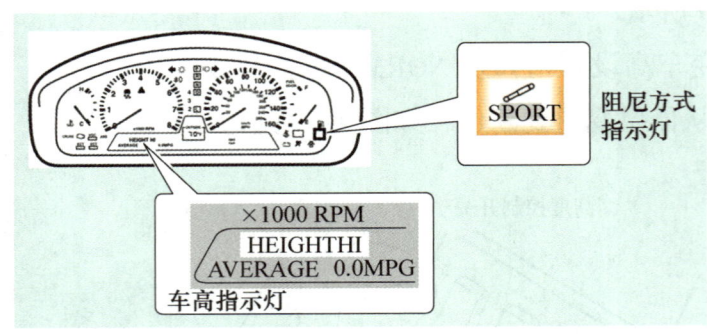

图4-8 阻尼方式指示灯和车高指示灯

2. 传感器

电控悬架系统的传感器一般有转向盘转向角传感器、高度控制传感器、车速传感器、减速传感器和节气门位置传感器等，如图4-9所示。

（1）转向角传感器　转向角传感器安装在转向灯开关组件上，并检测转向方向、角度和速度。该传感器装备三只带相位差的光电断续器，通过一个开槽圆盘对光线的遮断和通过来接通和断开光电晶体管，以实现对转向方向和角度的检测，如图4-10所示。

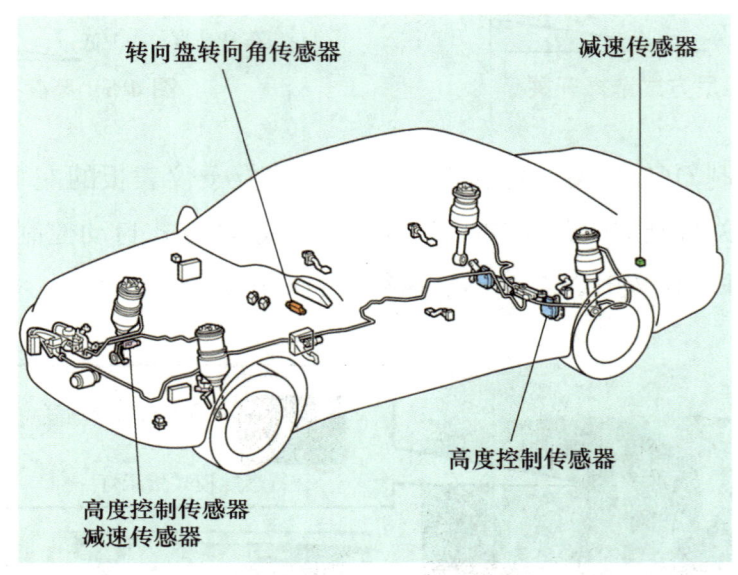

图4-9 传感器的位置

（2）高度控制传感器　每个车轮侧都安装一个高度控制传感器，该传感器把车辆高度的变化转变成操纵连杆旋转角度的变化。当车身较高时，信号电压随之变成较高；当车身较低时，其信号电压随之降下，如图4-11所示。

（3）减速传感器　前减速度传感器和前高度控制传感器结合在一起，后减速度传感器安装在行李舱内。减速传感器把压电陶瓷盘的挤压变形转变成电信号并且检测车辆竖向减速度。当接收到车辆的向上力时，信号电压就上升，而当接收到向下力时，信号电压就下降，如图4-12所示。

3. 电子控制单元

电子控制单元（ECU）（图4-13）接收传感器和选择开关的信号，通过分析计算，再驱动执行器和阀门工作，从而保持车辆的平顺性和操纵稳定性，如图4-14所示。

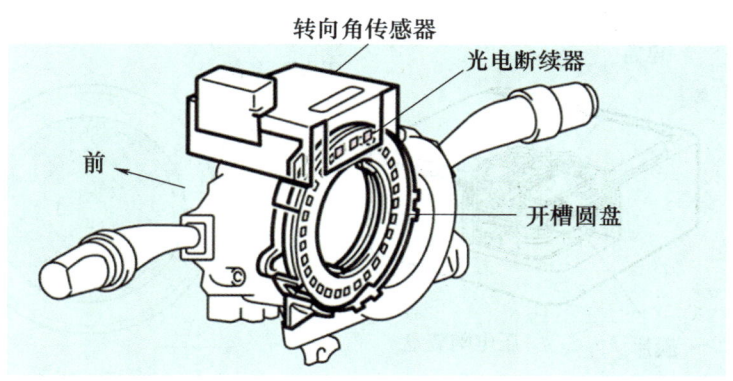

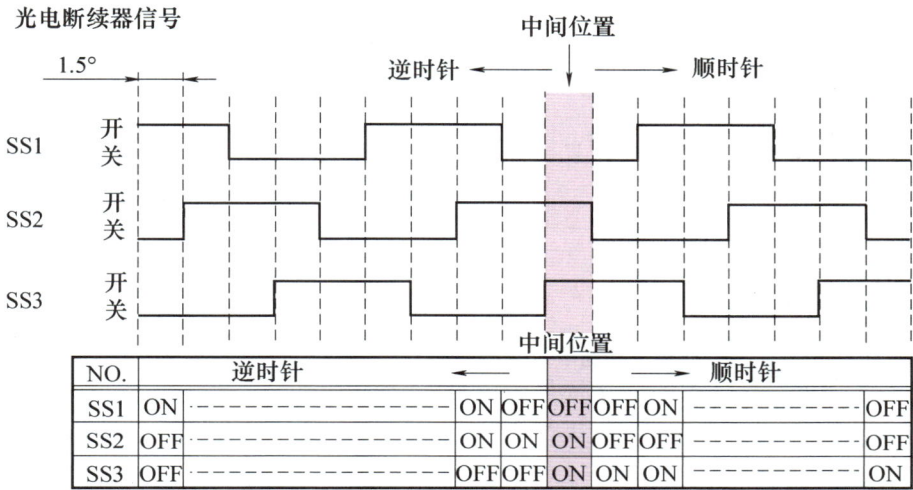

图 4-10　转向角传感器与输出信号

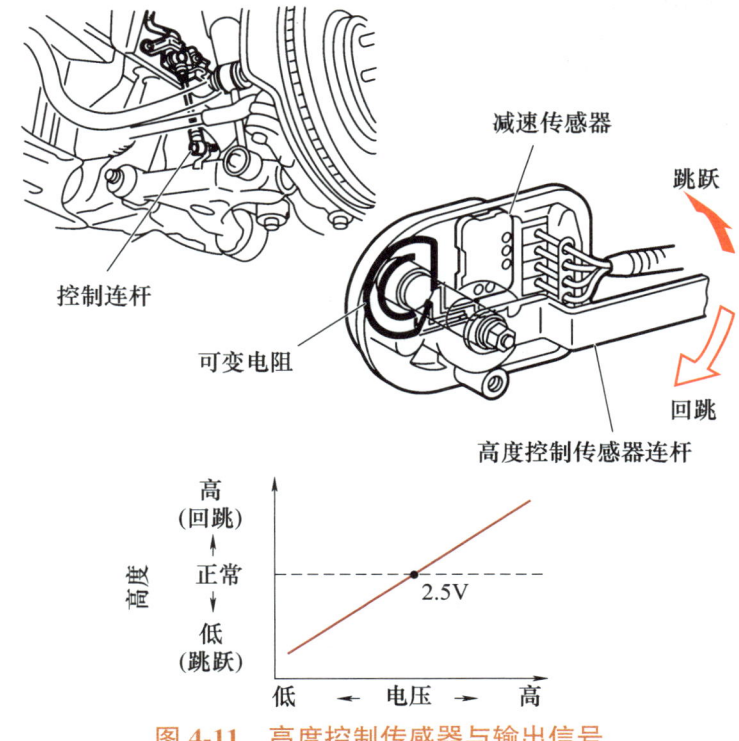

图 4-11　高度控制传感器与输出信号

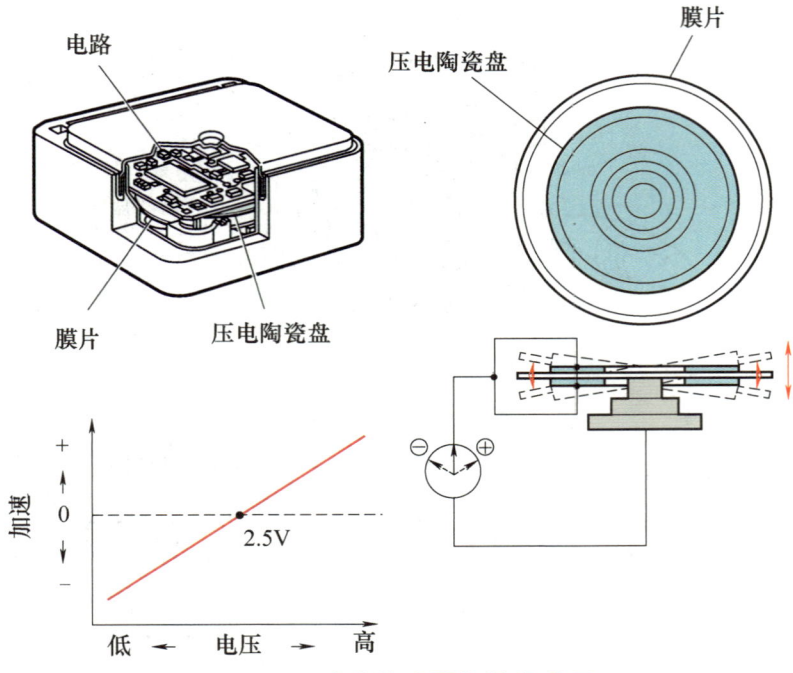

图 4-12　减速传感器与输出信号

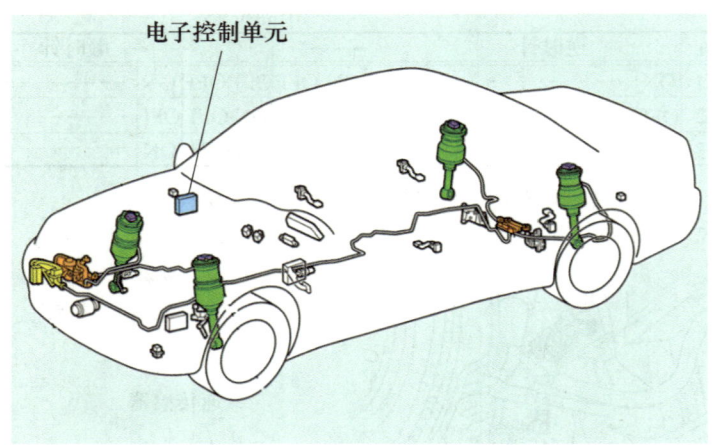

图 4-13　电子控制单元的位置

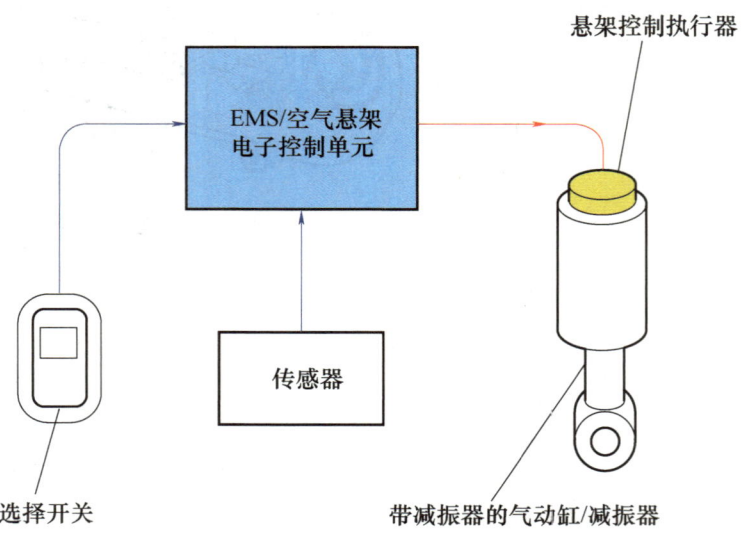

图 4-14　电子控制单元作用示意图

任务四 电控悬架系统的检修

4. 执行器

电控悬架系统的执行器有悬架控制执行器、气动缸与减振器总成、压气机和干燥器组件、高度控制阀等，如图4-15所示。

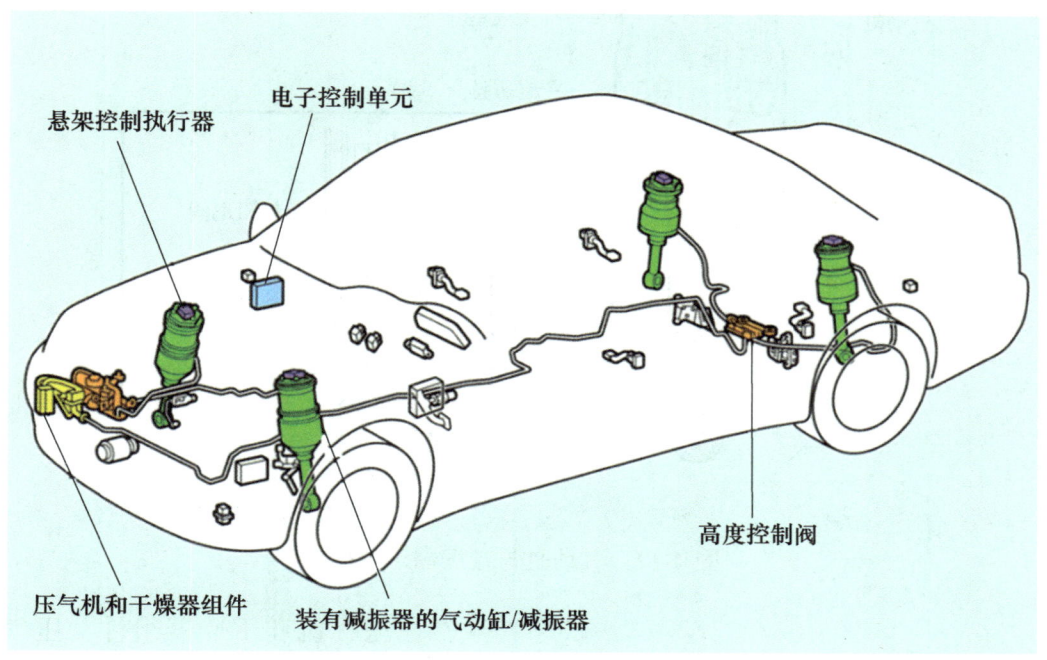

图4-15 执行器元件位置图

（1）悬架控制执行器 悬架控制执行器位于各减振器/气动缸的顶部。它通过输出轴转动减振器回转阀，来改变减振器的阻尼力。回转阀（输出轴）旋转角度是由电子控制单元的信号控制的，如图4-16所示。

（2）气动缸与减振器总成 气动缸由一只装有低压氮气的可变阻尼力减振器和一个带有大容量压缩空气的气室组成，以达到极佳乘坐舒适性，如图4-17所示。减振器配备一只硬阻尼阀和一只软阻尼阀，由电子控制单元通过悬架控制执行器转换减振器的阻尼力；气动缸从外界充入压缩空气和放出压缩空气可以调节悬架的高度；电子控制单元通过悬架控制执行器控制主气室与副气室通道小孔的大小可以调节弹簧的刚度。

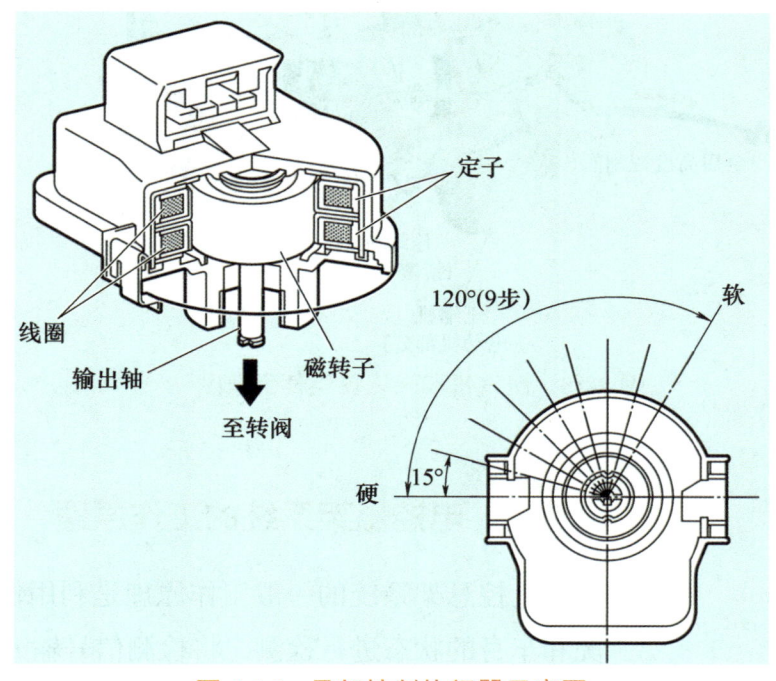

图4-16 悬架控制执行器示意图

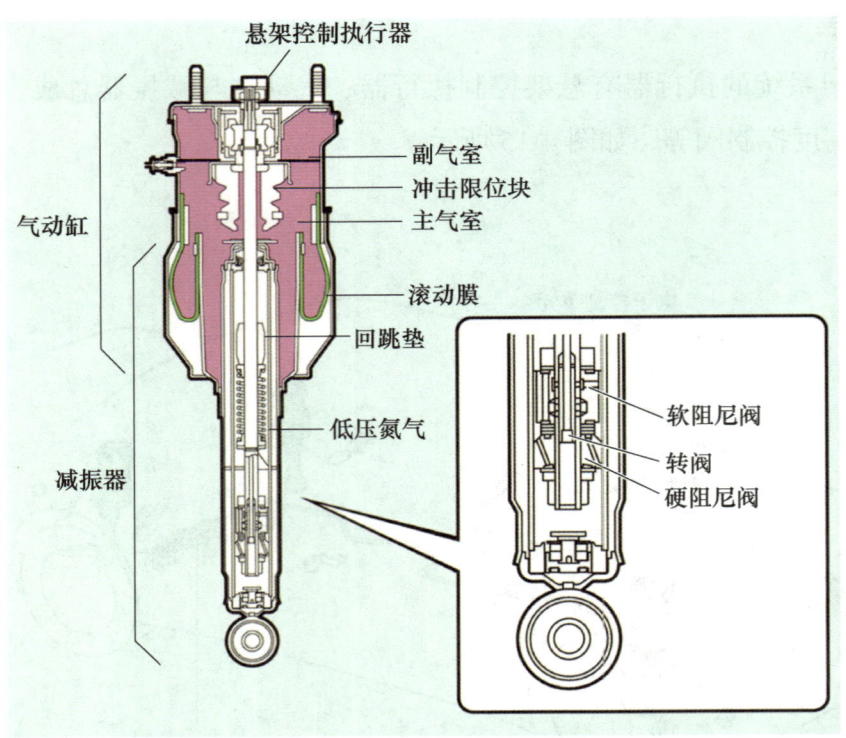

图 4-17　气动缸与减振器示意图

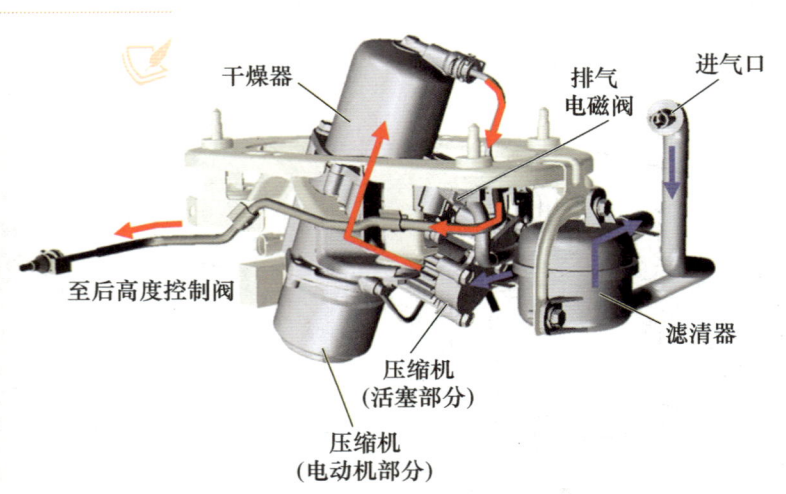

图 4-18　压气机和干燥器组件示意图

（3）压气机和干燥器组件　压气机和干燥器组件为一体化结构，如图4-18所示，压气机和电动机为提升车高而生产必要的压缩空气，干燥器消除由压气机生产压缩空气中的水分，排气电磁阀把压缩空气从气动缸中排放到大气中。

（4）高度控制阀　高度控制阀由电子控制单元的信号来控制气动缸的压缩空气，如图4-19所示。有两个高度控制阀，一个用于前面左、右气动缸，另一个用于后面左、右气动缸。

四、电控悬架系统的工作原理

电控悬架系统的一般工作原理是利用传感器（包括开关）对汽车行驶时路面的状况和车身的状态进行检测，将检测信号输入计算机进行处理，电子控制单元通过驱动电路控制悬架系统的执行器动作，完成弹簧刚度、车身高度和减振器阻尼力的调整。

汽车行驶在不同的状况下对弹簧刚度、车身高度和减振器的阻尼力有不同的要求。

1. 车速与路面感应控制

1）当车速高时，提高弹簧刚度和减振器阻尼力，以提高汽车高速行驶时的操纵稳定性。

2）当前轮遇到突起时，减小后轮悬架弹簧刚度和减振器阻尼力，以减小车身的振动和冲击。

3）当路面差时，提高弹簧刚度和减振器阻尼力，以抑制车身的振动。

2. 车身姿态控制

1）转向时侧倾控制：急转向时，提高弹簧刚度和减振器阻尼力，以抑制车身的侧倾。

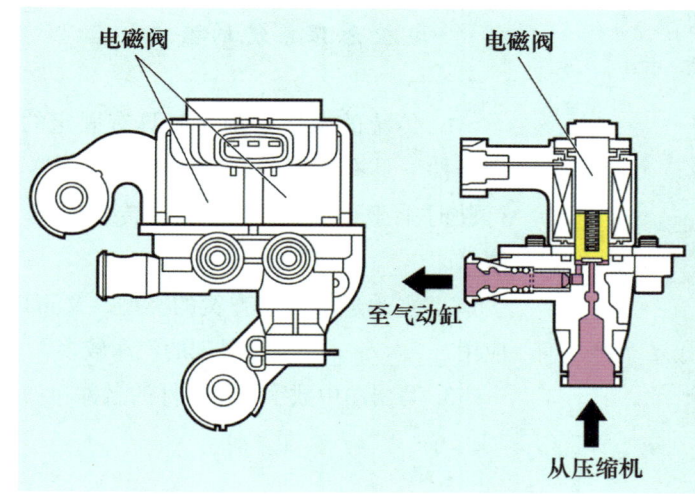

图 4-19　高度控制阀示意图

2）制动时点头控制：紧急制动时，提高弹簧刚度和减振器阻尼力，以抑制车身的点头。

3）加速时后坐控制：急加速时，提高弹簧刚度和减振器阻尼力，以抑制车身的后坐。

3. 车身高度控制

（1）高速感应控制　车速超过 90km/h，降低车身高度，以减小空气阻力，提高汽车行驶的稳定性。

（2）连续差路面行驶控制　车速为 40~90km/h，提高车身高度，以提高汽车的通过性；车速在 90km/h 以上，降低车身高度，以提高汽车行驶的稳定性。

（3）点火开关 OFF 控制　驻车时，当点火开关关闭后，降低车身高度，便于乘客的上、下车。

（4）自动高度控制　当乘客和载重量变化时，保持车身高度恒定。

五、故障诊断

1. 自诊断

如果电子控制单元检测到系统中有故障时，它就闪烁阻尼方式或车高指示灯，向驾驶人发出警告，同时，电子控制单元还储存故障的代码。此时，可以通过故障诊断仪连接到故障诊断座上（DLC3 上），来读取故障码，如图 4-20 所示。

图 4-20　连接故障诊断仪

2. 失效保护

如果电子控制单元检测到传感器或执行器里有故障时，电子控制单元就禁止车高控制和阻尼力控制。

电控悬架系统的检修　　学习任务单

班级：
姓名：

1. 传统的悬架系统一般具有固定的弹簧刚度和减振器阻尼，而电控悬架系统能在不同的使用条件下具有不同的弹簧刚度和减振器阻尼力，它能在起动和加速时防＿＿＿＿＿，能在正常行驶时乘坐更＿＿＿＿＿，转弯时抗＿＿＿＿＿，高速行驶时提高＿＿＿＿＿性，制动时防＿＿＿＿＿等。

2. 主动悬架按照弹簧的类型，又可以分为＿＿＿＿＿主动悬架和油气弹簧主动悬架。其中，应用＿＿＿＿＿主动悬架的汽车较多。

3. 写出图中数字所指零件的名称：

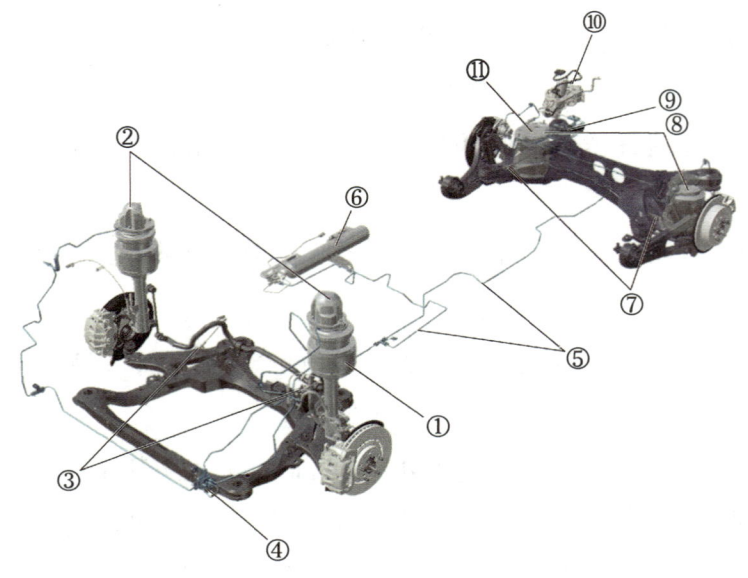

①＿＿＿＿＿　②＿＿＿＿＿　③＿＿＿＿＿　④＿＿＿＿＿

⑤＿＿＿＿＿　⑥＿＿＿＿＿　⑦＿＿＿＿＿　⑧＿＿＿＿＿

⑨＿＿＿＿＿　⑩＿＿＿＿＿　⑪＿＿＿＿＿

4. 电控悬架系统开关主要有＿＿＿＿＿开关、＿＿＿＿＿开关、高度控制 OFF 开关、停车开关和车门开关等。

5. 电控悬架系统的传感器主要有＿＿＿＿＿传感器、＿＿＿＿＿传感器、车速传感器、减速传感器和节气门位置传感器等。

6. 电控悬架系统的执行机构主要有＿＿＿＿＿、气动缸与减振器总成、压气机和干燥器组件、＿＿＿＿＿等。

7. 电控悬架系统车速超过 90km/h，＿＿＿＿＿车身高度，以减小空气阻力，提高汽车行驶的稳定性。

任务四 电控悬架系统的检修

实训任务 电控悬架系统的检修

一、实训器材

雷克萨斯电控悬架系统实训台架或整车、故障诊断仪、常用工具。

二、作业准备

1）连接实训台架电源，检查实训台架完整性和安全性。

2）准备好检漏用的肥皂水。

三、操作步骤

1. 故障码与数据流读取

1）将点火开关置于"OFF"位置，然后将故障诊断仪连接到故障诊断座。

2）将点火开关置于"ON"（IG）位置，并按下诊断仪电源键。

3）选择要检测的车型，进入电控悬架系统。

4）选择读取故障码，并记录故障码。

5）清除故障码，再重新读取故障码。

6）选择读取数据流，并记录重要的数据流参数，再查询维修手册与标准参数对比，检查数据流是否正常。

7）对照故障码与异常数据流的信息，按维修手册流程查找故障原因。

2. 车身高度检查

1）将车辆停于水平地面上，变速杆置于空档，松开驻车制动器。

2）前后推动汽车，确保车轮处于稳定状态，安装好车轮挡块，起动发动机。

3）将车身高度控制开关拨到HIGH位置，等车身升高后停留60s，再拨至NORM位置，等车身下降后停留50s，并重复上述操作1~2次。

4）测量从地面到下悬架臂安装螺栓中心之间的距离，依次测量四个车轮位置，并做好记录。

5）查询维修手册，找到车身高度的标准值，如果车身高度测量结果与标准值不符，则应进行车身高度调整。

3. 车身高度调整

1）旋松需要调整车身高度侧的车身高度传感器调节杆的两只锁紧螺母。

2）转动车身高度传感器调节杆的螺栓，以调节长度（车身高度传感器调节杆每转一圈，汽车高度改变大约为4mm）。

3）调整后，检查车身高度传感器调节杆的尺寸是否小于极限值（前、后悬架的极限值均为13mm）。

4）预拧紧两只锁紧螺母，再检查一次车身高度。

5）若车身高度符合要求，则按规定转矩拧紧锁紧螺母。

4. 电控悬架举升前的设定

装配电控悬架的汽车在使用举升机举升车辆前，首先将高度控制 OFF 开关关闭，使电控悬架系统不能自动调整车身的高度，否则可能造成电控悬架部件损坏。

5. 漏气检查

电控悬架系统管路中一旦有漏气，将直接影响系统气压的建立和保持，影响悬架的正常调节功能，因此要经常检查系统的密封性能。漏气一般发生在管路接头处，检查的步骤如下：

1）起动发动机，将高度控制开关拨到 HIGH 位置，使车身升高。

2）车身升至最高位后，将发动机熄火。

3）用肥皂水涂在管路接头处及怀疑漏气处，观察是否有气泡产生。若有气泡，则证明此处漏气，应及时修复或更换。

任务四　电控悬架系统的检修

电控悬架系统的检修	工作任务单	班级：
		姓名：

1. 车辆或台架信息记录

品牌		整车型号		生产年月	
发动机型号		发动机排量		行驶里程	
车辆识别代号					

2. 故障码与数据流读取

读取的故障码为：

数据流：

3. 基本检查

作业项目	功能	指示灯情况	功能变化情况	维修措施
阻尼方式选择开关	COMFORT（正常）	□正常　□异常	□正常　□异常	□维修　□调整　□更换
	SPORT（运动）	□正常　□异常	□正常　□异常	□维修　□调整　□更换
高度控制开关	NORM（正常）	□正常　□异常	□正常　□异常	□维修　□调整　□更换
	HIGH（高位）	□正常　□异常	□正常　□异常	□维修　□调整　□更换

4. 轮胎气压及电控悬架部件检测

作业项目		左前车轮	左后车轮	右前车轮	右后车轮
轮胎气压	检查情况				
车身高度测量	测量值				
	判定	□正常　□异常	□正常　□异常	□正常　□异常	□正常　□异常
	维修措施	□维修　□调整　□更换	□维修　□调整　□更换	□维修　□调整　□更换	□维修　□调整　□更换
漏气检查	检查情况				
	判定	□正常　□异常	□正常　□异常	□正常　□异常	□正常　□异常
	维修措施	□维修　□调整　□更换	□维修　□调整　□更换	□维修　□调整　□更换	□维修　□调整　□更换

5. 底盘部件检查情况

序号	部件名称及位置	检查情况	维修措施
1		□破损　□变形　□老化　□松动　□泄漏　□正常	□调整　□维修　□更换
2		□破损　□变形　□老化　□松动　□泄漏　□正常	□调整　□维修　□更换

6. 查询维修手册

序号	部件名称	章节及页码	规格（公制）
1		第　　章　　　页	
2		第　　章　　　页	

汽车车身与底盘电控系统检修

电控悬架系统的检修		实习日期：	
姓名：	班级：	学号：	导师签名：
自评：☐熟练 ☐不熟练	互评：☐熟练 ☐不熟练	师评：☐合格 ☐不合格	
日期：	日期：	日期：	

电控悬架系统的检修【评分细则】

序号	评分项	得分条件	分值	评分要求	自评	互评	师评
1	安全/7S/态度	☐1. 能进行工位7S操作 ☐2. 能进行设备和工具安全检查 ☐3. 能进行车辆安全防护操作 ☐4. 能进行工具清洁、校准、存放操作 ☐5. 能进行三不落地操作	15	未完成1项扣3分，扣分不得超过15分	☐熟练 ☐不熟练	☐熟练 ☐不熟练	☐合格 ☐不合格
2	专业技能能力	作业1 ☐1. 能正确读取电控悬架系统故障码 ☐2. 能正确读取电控悬架系统数据流 作业2 ☐1. 能正确检测轮胎气压 ☐2. 能正确操作车身高度升降 ☐3. 能正确测量车身高度 ☐4. 能正确调整车身高度 作业3 ☐1. 能正确锁定车身高度控制 ☐2. 能正确检查悬架系统漏气	50	未完成1项扣5分，扣分不得超过50分	☐熟练 ☐不熟练	☐熟练 ☐不熟练	☐合格 ☐不合格
3	工具及设备的使用能力	☐1. 能正确使用故障诊断仪 ☐2. 能正确使用维修工具	10	未完成1项扣5分，扣分不得超过10分	☐熟练 ☐不熟练	☐熟练 ☐不熟练	☐合格 ☐不合格
4	资料、信息查询能力	☐1. 能正确查询悬架举升前设定步骤 ☐2. 能正确查询悬架各部件拧紧力矩 ☐3. 能正确识读维修手册 ☐4. 能正确记录查询资料章节及页码 ☐5. 能正确记录所需维修信息	10	未完成1项扣2分，扣分不得超过10分	☐熟练 ☐不熟练	☐熟练 ☐不熟练	☐合格 ☐不合格
5	数据判断和分析能力	☐1. 能判断悬架系统是否漏气 ☐2. 能判断车身高度是否正常	10	未完成1项扣5分，扣分不得超过10分	☐熟练 ☐不熟练	☐熟练 ☐不熟练	☐合格 ☐不合格
6	表单填写报告的撰写能力	☐1. 字迹清晰 ☐2. 语句通顺 ☐3. 无错别字 ☐4. 无涂改 ☐5. 无抄袭	5	未完成1项扣1分，扣分不得超过5分	☐熟练 ☐不熟练	☐熟练 ☐不熟练	☐合格 ☐不合格
总分：							

任务五

安全气囊系统的检修

学习目标

知识目标：	技能目标：	素养目标：
1）掌握安全气囊的作用与组成。 2）掌握安全气囊的工作过程。	1）会实车拆装安全气囊系统各部件。 2）会使用故障诊断仪读取安全气囊系统故障码与数据流。	1）能够在工作过程中与小组其他成员合作、交流，培养团队合作意识，锻炼沟通能力。 2）养成7S的工作习惯。 3）养成服从管理、规范作业的良好工作习惯。

任务描述

一辆丰田卡罗拉轿车用户反映：仪表内的安全气囊指示灯常亮，需要你对该系统进行检查，确定故障部位并进行修理。

相关知识

汽车上的安全系统可分为主动安全系统和被动安全系统，如制动系统属于主动安全系统，而安全气囊系统和安全带属于被动安全系统。安全气囊（Air Bag）系统又称为辅助约束系统（Supplemental Restraint System，SRS）。

一、安全气囊系统的作用

当汽车发生碰撞时，汽车与汽车或汽车与障碍物之间的碰撞称为一次碰撞（图5-1a）。当一次碰撞后，汽车的速度将急剧变化，驾驶人和乘员就会因惯性力的作用而向前运动，并与车内的转向盘、风窗玻璃或仪表板等发生碰撞，这种碰撞称为二次碰撞（图5-1b）。一般情况下，在车辆事故中，导致驾驶人和乘员受伤的主要是二次碰撞。为了减轻二次碰撞对驾乘人员的伤害，在现代汽车上，车身设有撞击吸收结构、辅助约束系统空气囊、座椅安全带等，如图5-2所示。

汽车普遍在驾驶人和前乘客座椅前方安装两个空气囊，在发生交通事故时，减轻汽车发生正面碰撞对驾驶人所造成的伤害。还有些汽车同时装有侧向安全气囊，在汽车发生侧向碰撞时，减轻侧向碰撞对驾乘人员的伤害。

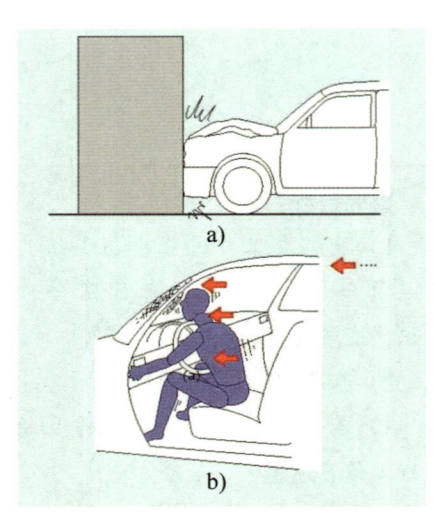

图 5-1　汽车碰撞损伤

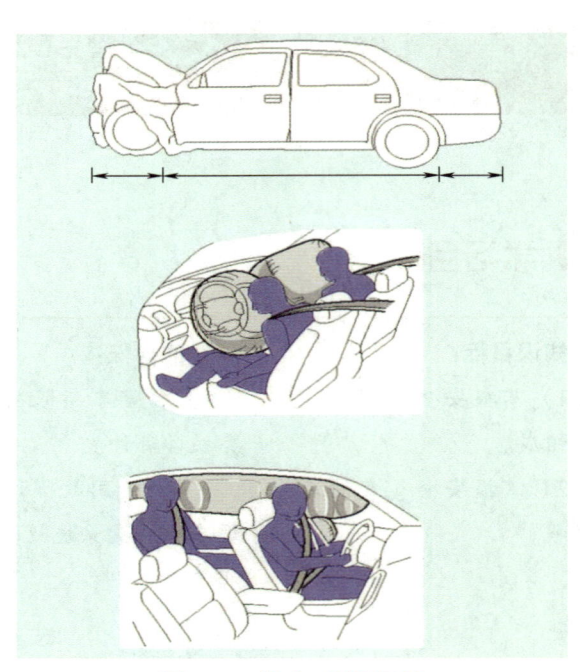

图 5-2　汽车碰撞保护

二、安全气囊系统的组成

安全气囊系统主要部件在车辆上的位置如图 5-3 所示，它主要由传感器（前气囊碰撞传感器、侧气囊碰撞传感器）、气囊控制单元、执行器（驾驶人空气囊总成、前乘员空气囊总成、帘式空气囊总成、侧面空气囊总成、座椅安全带预张紧器等）、螺旋电缆和安全气囊警告灯等组成。

1. 碰撞传感器

碰撞传感器有两种类型，一种型号是由半导体制成的，另一种为机械类型。

前气囊碰撞传感器一般安装在左右前侧梁上，它相当于一只控制开关，其工作状态取决于车辆碰撞时减速度的大小。图 5-4 所示为机械式碰撞传感器，静止状态时滚球在永久磁铁的吸引下位于最右侧，左侧触点未接通；当汽车发生碰撞且惯性力大于永磁铁的吸引力时，滚球瞬间向左侧运动并推动触点接通，信号被传输到气囊电子控制单元。

侧气囊碰撞传感器一般安装在左、右中柱上，帘式空气囊碰撞传感器一般安装在左、右后柱上。

2. 气囊控制单元（ECU）

气囊控制单元一般安装在变速杆下方的车身上，它是安全气囊系统关键的部件之一。其作用是，接收碰撞传感器及其他相关传感器的信号（如车速传感器等），经过计算分析,以确定是否引爆气囊。当判断结果为汽车发生碰撞时,发出引爆指令,同时,它还对本系统进行故障自诊断。气囊控制单元内有备用电源,它利用电容储存电能。备用电源的作用是,当车辆发生碰撞导致蓄电池或发电机与控制单元之间的电路切断时,能在一定的时间内,提供足够的点火能量,来引爆点火剂。气囊控制单元内还有安全传感器,如果碰撞产生的减速力大于预设值时才导通,防止外部碰撞传感器故障而误工作。

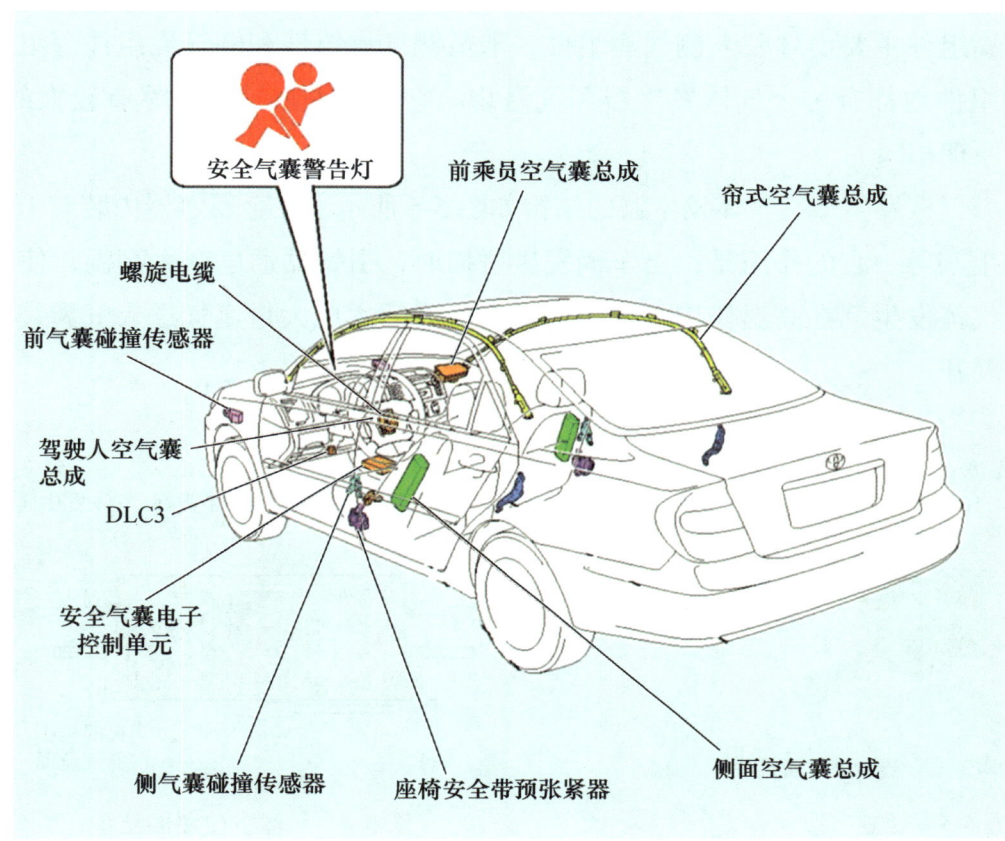

图 5-3　安全气囊系统主要部件在车辆上的位置

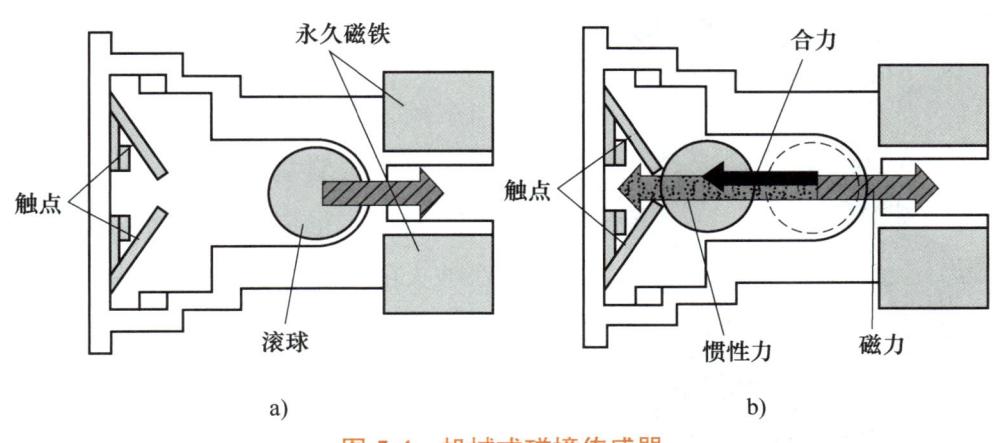

图 5-4　机械式碰撞传感器

a) 静止状态　b) 碰撞状态

3. 螺旋电缆

螺旋电缆又称为时钟弹簧，如图 5-5 所示，它安装在转向柱上，位于转向盘的下部，它的作用是连接驾驶人侧气囊导线插接器和转向柱上的导线插接器，其内部结构与钢卷尺相似。它往往和喇叭线束以及自动巡行控制线束做成一体。它是本系统中最易损坏的部件之一，属于机械式导线装置。在检修转向柱或转向器时，特别是在将转向盘与转向柱拆开时，禁止转动转向，以免拉断或折断锁簧。

4. 气囊组件

气囊组件主要由驾驶人侧气囊组件、乘员侧气囊组件和侧气囊组件等组成，每个气囊组件内都有一个气体发生器和气囊袋。它们的外形结构虽然有较大的区别，但工作原理相同。

（1）气体发生器　气体发生器的结构如图 5-6 所示，在金属容器内装有引燃器和气体发生剂等。它的作用是，当车辆发生碰撞时，引燃器通电产生高温，使增强剂燃烧，气体发生剂在高温作用下发生化学反应瞬间生成大量氮气送入气囊袋内，使气囊袋展开。

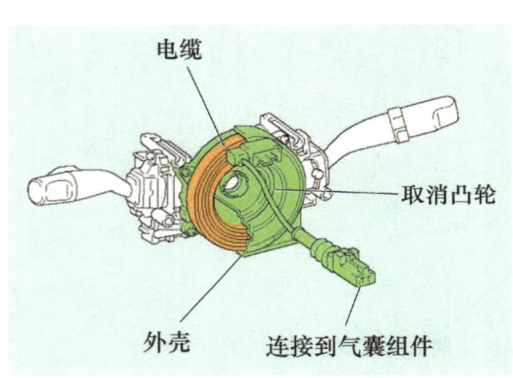

图 5-5　螺旋电缆

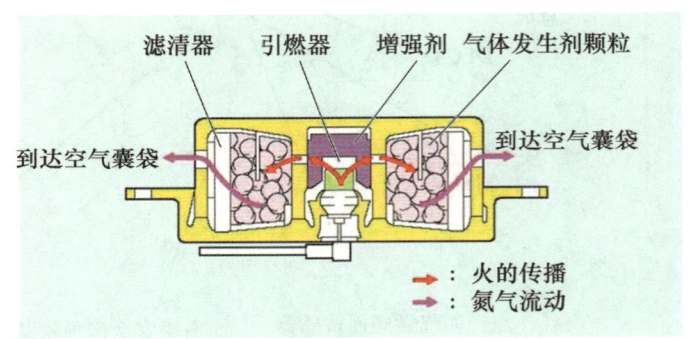

图 5-6　气体发生器的结构

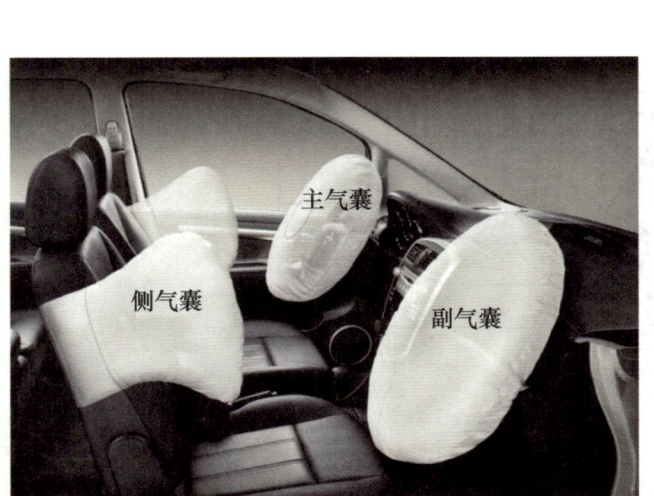

图 5-7　主气囊、副气囊与侧气囊

（2）驾驶人侧气囊组件　驾驶人侧气囊组件又称为主气囊，它安装在转向盘的中央，如图 5-7 所示。当车辆发生碰撞时，气囊电子控制单元控制气体发生器向气囊袋内充气，气囊袋迅速膨胀在驾驶人的前方，形成一个缓冲软垫保护层，从而保护驾驶人的安全。在气囊袋织物的上面开有几个小孔，目的是在气囊工作后，气体能够迅速释放，如图 5-8 所示，如果气囊内的气体不能即时释放，将会挤压驾驶人，导致驾驶人在车辆发生碰撞后无法离开座位。

（3）**前乘员侧气囊组件** 前乘员侧气囊组件又称为副气囊，如图5-7所示。它的外形虽然和主气囊有很大区别，但工作原理相同，有些车辆的副气囊装饰盖和仪表台面板总成制成一体，所以在副气囊爆炸后，往往需要更换仪表台面板总成，许多车辆的副气囊在乘员侧座椅下面有一个传感器，当前乘客座椅上有人时，副气囊才会引爆，否则，副气囊在车辆发生碰撞时不会引爆。

图5-8 气囊袋充气后并迅速释放

（4）**侧气囊组件** 如图5-7所示，当车辆发生侧面碰撞时，侧气囊工作，在驾驶人或前乘员的侧面形成一个软保护层。侧气囊和座椅靠背做成一体，因而更换侧气囊时需要连同座椅靠背一起更换。

（5）**安全带拉紧器** 安全带拉紧器又称为预紧式安全带，如图5-9所示，在车辆发生碰撞时，气囊控制模块在引爆气囊的同时，也引爆安全带拉紧机构，使安全带瞬间收缩，能够更加有效地保护驾乘人员的安全。

5. 气囊警告灯

气囊警告灯的符号通常用"SRS" "AIR BAG"或图5-10所示的图标等表示，它的作用是指示气囊系统的功能是否正常。

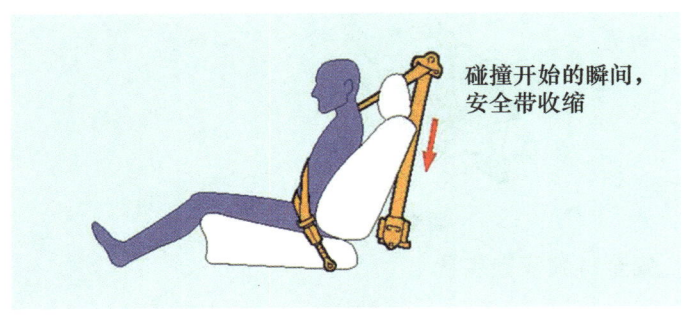

图5-9 预紧式安全带

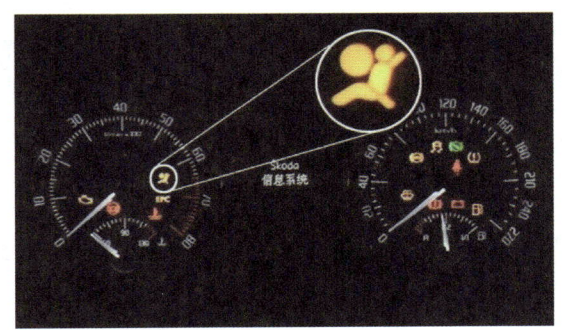

图5-10 气囊警告灯

6. 短路片和双锁装置

（1）**短路片** 当分离气囊控制模块导线插接器时，气囊警告灯应亮起。当分离气囊系统各导线插接器时，电路有可能与电源和搭铁短路，造成气囊意外被引爆，为了防止此类事故的发生，在导线插接器上安装了短路片。在分离各气囊组件导线插接器时，短路弹簧片自动地连接气囊组件的正（＋）端子和负（－）端子而短路，使至气囊组件的点火电路失效，预防安全气囊意外展开，如图5-11所示。

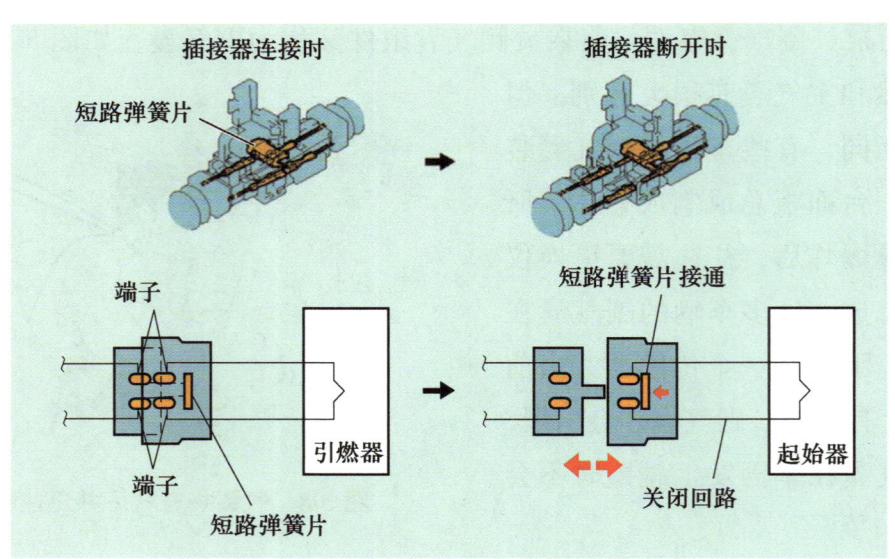

图 5-11 短路片示意图

（2）双锁装置 在气囊系统中，导线插接器接触不良和异常分离，对系统会造成很大的影响，还无法保护车内人员的安全。为了保证导线插接器在任何恶劣条件下都能保持良好的连接状态，插入插接器时为一次锁住，按下插接器上部扣板进行二次锁住，以防止插接器接触不良和异常分离，如图 5-12 所示。

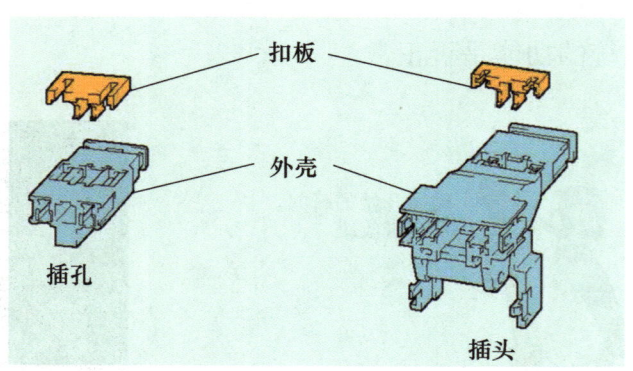

图 5-12 安全气囊双锁装置

三、安全气囊系统电路

丰田卡罗拉安全气囊系统电路图如图 5-13 所示。为了区分安全气囊电路与其他电器电路，在实车上安全气囊线束是单独的，而且用橙色线束套包裹。

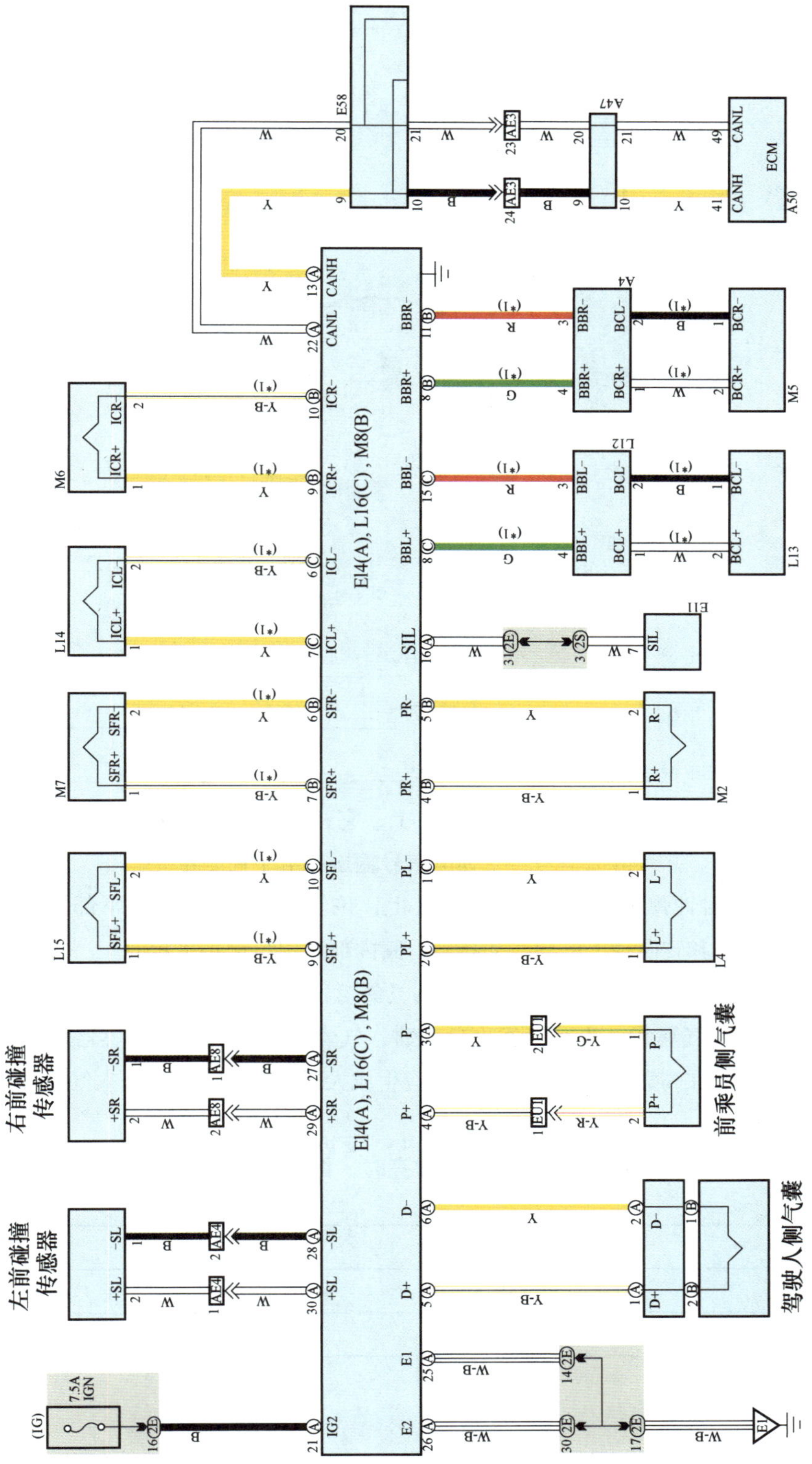

任务五 安全气囊系统的检修

图 5-13 丰田卡罗拉安全气囊系统电路图

安全气囊系统的检修	学习任务单	班级：
		姓名：

1. 安全气囊简称_____，它的作用是减轻_____对驾乘人员的伤害。

2. 写出图中数字所指零件的名称：

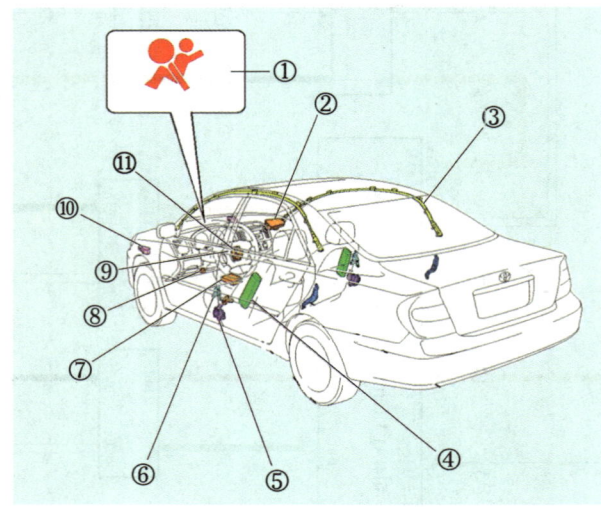

① _____ ② _____ ③ _____ ④ _____

⑤ _____ ⑥ _____ ⑦ _____ ⑧ _____

⑨ _____ ⑩ _____ ⑪ _____

3. 前气囊碰撞传感器一般安装在_____上，它相当于一只控制开关，其工作状态取决于车辆碰撞时减速度的大小。并将碰撞信号转变为电信号输送给电子控制单元。

4. 螺旋电缆又称为时钟弹簧，它安装在转向柱上，位于_____的下部，它的作用是连接驾驶人侧气囊导线插接器和转向柱上的导线插接器，其内部结构与钢卷尺相似。

5. 气囊组件主要由驾驶人侧气囊组件、乘员侧气囊组件、侧气囊组件等组成，每个气囊组件内都有一个_____和气囊袋，当车辆发生碰撞时，气囊控制单元通过引燃器通电产生高温，使增强剂燃烧，气体发生剂在高温作用下发生化学反应生成大量_____送入气囊袋内，使气囊袋展开。

6. 当仪表内的"SRS"或"AIR BAG"警告灯常亮时，你想到的原因是：_____

_____

_____

_____

任务五 安全气囊系统的检修

实训任务　安全气囊系统的检修

一、实训器材
丰田卡罗拉轿车、故障诊断仪、常用维修工具和维修手册等。

二、作业准备
车辆在工位停放周正，铺好车内和车外护套。

三、操作步骤

1. 安全带与警告灯的检查

1）打开点火开关，仪表内的安全带未系警告灯应点亮，如图5-14所示。拉出驾驶人侧安全带插入安全带座孔，警告灯应立即熄灭。

2）缓慢拉出安全带应无卡滞，快速拉出安全带应能瞬间卡住，松开安全带应能自动完全收缩，否则说明安全带损坏，需更换。

图5-14　安全带未系警告灯

2. 故障码与数据流的读取

1）将点火开关置于"ON"（IG）位置时，仪表内的安全气囊警告灯应点亮约5s，然后熄灭；如果不熄灭，说明气囊自诊断系统检测到故障，此时首先应读取故障码。

2）将点火开关置于"OFF"位置，然后将故障诊断仪连接到故障诊断座。

3）将点火开关置于"ON"（IG）位置，并按下诊断仪电源键。

4）选择要检测的车型，进入安全气囊系统。

5）选择读取故障码，并记录故障码。

6）清除故障码，再重新读取故障码。

7）根据故障码，查找维修手册，再根据维修手册流程查找故障原因。

3. 主气囊的更换

1）将两前轮转向正前位置。

2）选用合适扳手拆下蓄电池负极插头，并等待90s以上。

3）用一字螺钉旋具缠好胶带或用内饰撬板拆下转向盘左、右侧装饰盖，如图5-15所示。

4）选用合适工具拆下主气囊的两个固定螺栓，如图5-16所示。

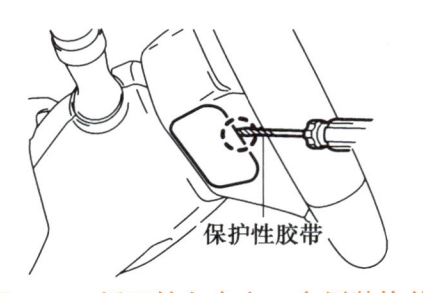

图5-15　拆下转向盘左、右侧装饰盖

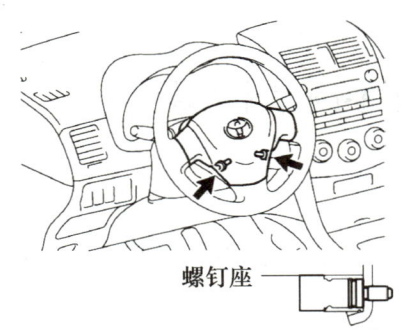

图 5-16　拆下主气囊的两个固定螺栓

5）断开气囊线束插接器和喇叭线束插接器。

6）拆下主气囊并放置到安全的位置。

> **注意事项**
>
> 　　放置时气囊正面一定朝上，严禁气囊正面朝下放置。严禁用万用表测量气囊的阻值。

7）比对新气囊的规格型号，按与拆卸相反的顺序安装新气囊，并按规定转矩拧紧螺栓。

4. 碰撞传感器的更换

1）用合适工具拆下蓄电池负极端子。

2）拆卸散热器格栅防护罩。

3）拆卸前保险杠总成（查找维修手册，按维修手册流程拆卸）。

4）拆卸前照灯总成（查找维修手册，按维修手册流程拆卸）。

5）选用合适工具拆卸气囊碰撞传感器固定螺栓，如图 5-17 所示。

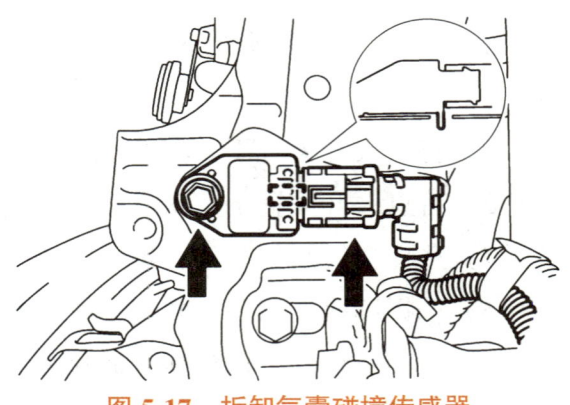

图 5-17　拆卸气囊碰撞传感器

6）比对新碰撞传感器的规格型号，按与拆卸相反的顺序安装新碰撞传感器，并按规定转矩拧紧螺栓。

任务五　安全气囊系统的检修

安全气囊系统的检修	工作任务单	班级：
		姓名：

1. 车辆信息记录

品牌		整车型号		生产年月	
发动机型号		发动机排量		行驶里程	
车辆识别代号					

2. 安全带检查

作业项目	检查情况	作业项目	记录
安全气囊警告灯	□正常　□异常	安全带拉伸与锁止功能	□正常　□异常
安全带警告灯	□正常　□异常	安全带收缩功能	□正常　□异常

3. 故障码与数据流读取

故障码	
清除故障码后再读码	
数据流	

4. 碰撞传感器更换

更换碰撞传感器	□执行　□否
碰撞传感器零件号	

5. 主气囊更换

更换主气囊	□执行　□否
主气囊零件号	

6. 查询维修手册

序号	部件名称	章节及页码	规格（公制）
1		第　　章　　页	
2		第　　章　　页	
3		第　　章　　页	

汽车车身与底盘电控系统检修

安全气囊系统的检修		实习日期：	
姓名：	班级：	学号：	导师签名：
自评：□熟练 □不熟练	互评：□熟练 □不熟练	师评：□合格 □不合格	
日期：	日期：	日期：	

安全气囊系统的检修【评分细则】

序号	评分项	得分条件	分值	评分要求	自评	互评	师评
1	安全/7S/态度	□1. 能进行工位 7S 操作 □2. 能进行设备和工具安全检查 □3. 能进行车辆安全防护操作 □4. 能进行工具清洁、校准、存放操作 □5. 能进行三不落地操作	15	未完成1项扣3分，扣分不得超过15分	□熟练 □不熟练	□熟练 □不熟练	□合格 □不合格
2	专业技能能力	作业 1 □1. 能正确检查安全气囊警告灯 □2. 能正确检查安全带警告灯 □3. 能正确检查安全带 作业 2 □1. 能正确读取安全气囊系统故障码 □2. 能正确读取安全气囊系统数据流 作业 3 □1. 能正确更换碰撞传感器 □2. 能正确更换主气囊	50	未完成1项扣8分，扣分不得超过50分	□熟练 □不熟练	□熟练 □不熟练	□合格 □不合格
3	工具及设备的使用能力	□1. 能正确使用维修工具 □2. 能正确使用故障诊断仪	10	未完成1项扣2分	□熟练 □不熟练	□熟练 □不熟练	□合格 □不合格
4	资料、信息查询能力	□1. 能正确查询安全气囊拆装步骤 □2. 能正确查询碰撞传感器拆装步骤 □3. 能正确使用维修手册查询资料 □4. 能正确记录查询资料章节及页码 □5. 能正确记录所需维修信息	10	未完成1项扣2分，扣分不得超过10分	□熟练 □不熟练	□熟练 □不熟练	□合格 □不合格
5	数据判断和分析能力	□1. 能判断气囊警告灯是否正常 □2. 能判断安全气囊数据流是否正常 □3. 能判断安全带是否正常	10	未完成1项扣4分，扣分不得超过10分	□熟练 □不熟练	□熟练 □不熟练	□合格 □不合格
6	表单填写报告的撰写能力	□1. 字迹清晰 □2. 语句通顺 □3. 无错别字 □4. 无涂改 □5. 无抄袭	5	未完成1项扣1分，扣分不得超过5分	□熟练 □不熟练	□熟练 □不熟练	□合格 □不合格
总分：							

任务六 安全防盗系统的检修

🔧 学习目标

知识目标：	技能目标：	素养目标：
1）掌握中控门锁的组成与工作过程。 2）掌握防盗系统的组成与工作过程。	1）会实车拆装车门锁。 2）会更换钥匙电池。 3）会使用故障诊断仪读取中控门锁和防盗系统故障码与数据流。	1）能够在工作过程中与小组其他成员合作、交流，培养团队合作意识，锻炼沟通能力。 2）养成7S的工作习惯。 3）养成服从管理、规范作业的良好工作习惯。

🚚 任务描述

一辆丰田卡罗拉轿车用户反映：无法用钥匙遥控器锁止和解锁车门，需要你对门锁系统进行检查，确定故障部位并进行修理。

相关知识

一、中控门锁

为了方便驾驶人和乘客开关车门，大部分汽车中都安装了中央控制门锁系统。安装了中控门锁后，驾驶人可以在锁住或打开自己车门的同时锁住或打开其他的车门，而除了中控门锁控制，乘客也可以利用各车门的机械式弹簧锁来开关车门。

1. 中控门锁系统的组成

中控门锁系统的组成如图6-1所示，它主要有门锁控制开关、钥匙操纵开关、门锁总成、门锁电动机等。

（1）门锁控制开关　门锁控制开关一般安装在驾驶人侧车门内的扶手上，通过门锁控制开关可以同时锁上和打开所有的车门。图6-2所示为丰田汽车门锁控制开关的位置图。

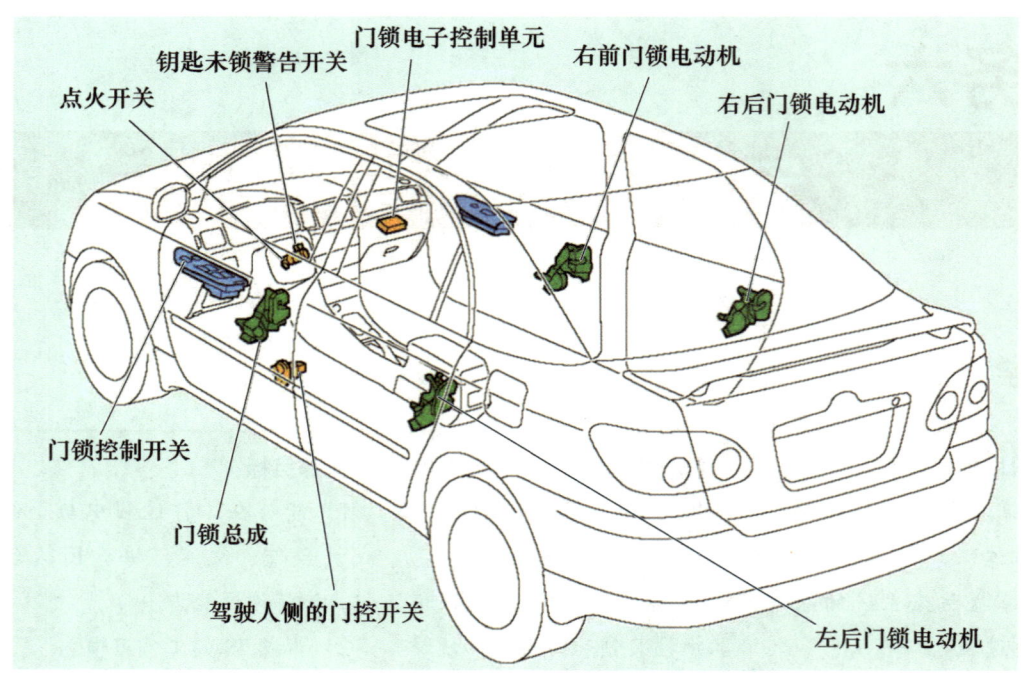

图 6-1 中控门锁的组成

（2）钥匙操纵开关　钥匙操纵开关安装在驾驶人侧车门的钥匙插孔背面或驾驶人侧车门门锁总成上，当从车外用钥匙开锁和锁定车门时，钥匙操纵开关便发出开门或锁门的信号给门锁控制电子控制单元。钥匙操纵开关的位置如图 6-3 所示。

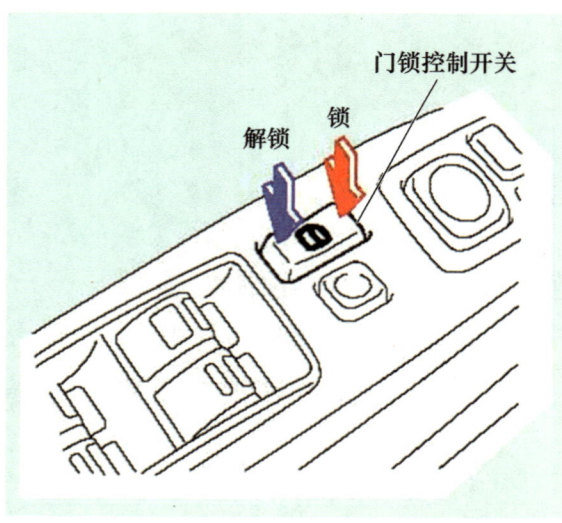

图 6-2　丰田汽车门锁控制开关的位置图

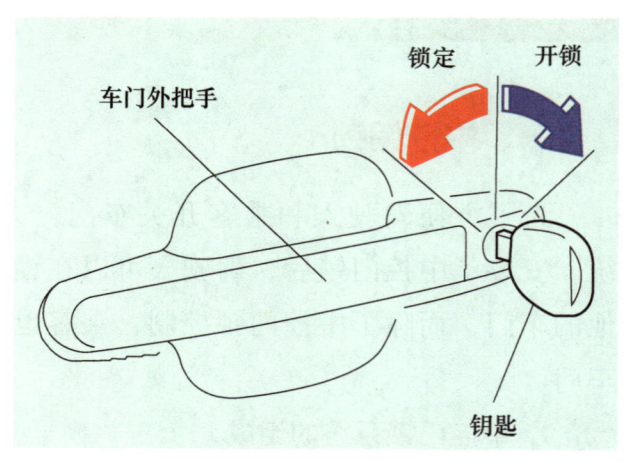

图 6-3　钥匙操纵开关的位置

（3）门锁总成　门锁总成（图 6-4）主要由门锁电动机、蜗轮齿轮组、门锁位置开关、外壳和连接各位置把手的拉杆等组成。

车门锁内部结构如图 6-5 所示。门锁电动机（电动机）是门锁的执行器，当门锁电动机转动时，蜗杆带动蜗轮转动，蜗轮推动锁拉杆，车门被锁上或打开，然后蜗轮回位弹簧的作用下返回原位置。

门锁位置开关位于门锁总成内，用来检测车门的锁紧状态，它由一个触点片和一个开关基础组成。当车门关闭时，此开关断开；当车门打开时，此开关接通。

2. 中控门锁的工作原理

中控门锁控制的常见形式有继电器式和计算机（电子控制单元）控制式等，其中，继电器式中控门锁虽然结构简单，但功能也较单一，因此在汽车上应用也越来越少。

(1) 继电器控制的中控门锁控制电路　图6-6所示为继电器控制的中控门锁控制电路图。

当用钥匙转动驾驶人（或副驾驶人）侧的门锁开关时，它就可以接通或断开门锁继电器，门锁继电器包括锁定和开锁两个继电器。门锁开关都不接通时，所有电动机两端都通过继电器直接搭铁，电动机不转；门锁开关接通（开锁或锁定）一个继电器时，电动机一端不再搭铁，而是与电源接通，使电动机通过两个继电器触点和电源构成回路而通电运转。不同的继电器工作，可以改变电动机中电流的方向，使门锁电动机的转向改变，实现五个车门同时开锁和锁定。

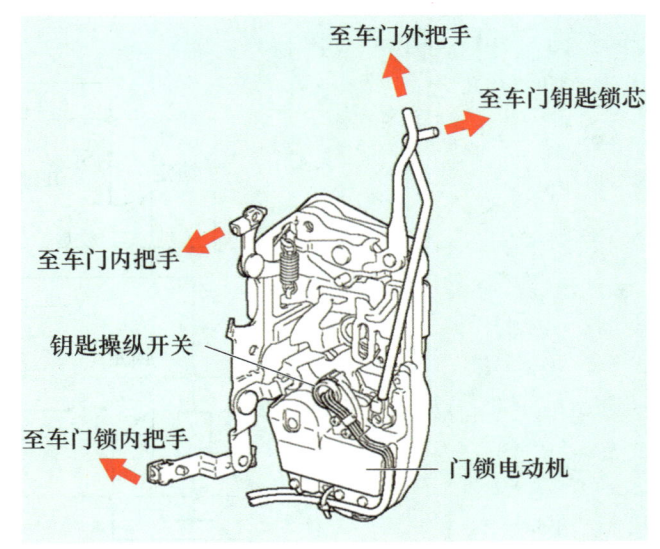

图6-4　门锁总成

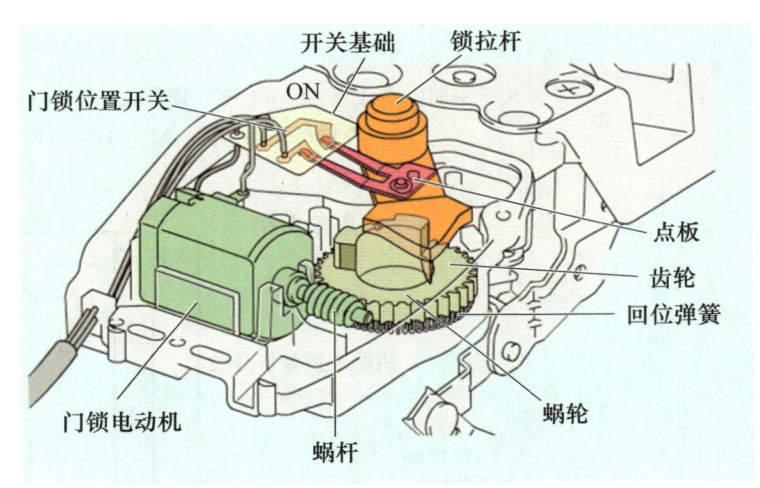

图6-5　车门锁内部结构

(2) 计算机（电子控制单元）控制的中控门锁系统　图6-7所示为计算机控制的中控门锁系统电路图。门锁计算机由一块CPU、两个晶体管（VT_1、VT_2）和两个继电器（锁止继电器、解锁继电器）组成，CPU可以根据各种开关发出的信号来控制晶体管，进而控制两个继电器的工作。此电路中的D和P分别代表驾驶人侧和副驾驶人侧。

当将门锁控制开关推向"锁门"（LOCK）一侧时，开关上的锁门导线通过门锁控制开关搭铁，CPU将VT_1导通。当VT_1导通时，电流流过锁止继电器线圈，锁止继电器触点闭合，电流流至门锁电动机，所有车门均被锁住，如图6-7所示。

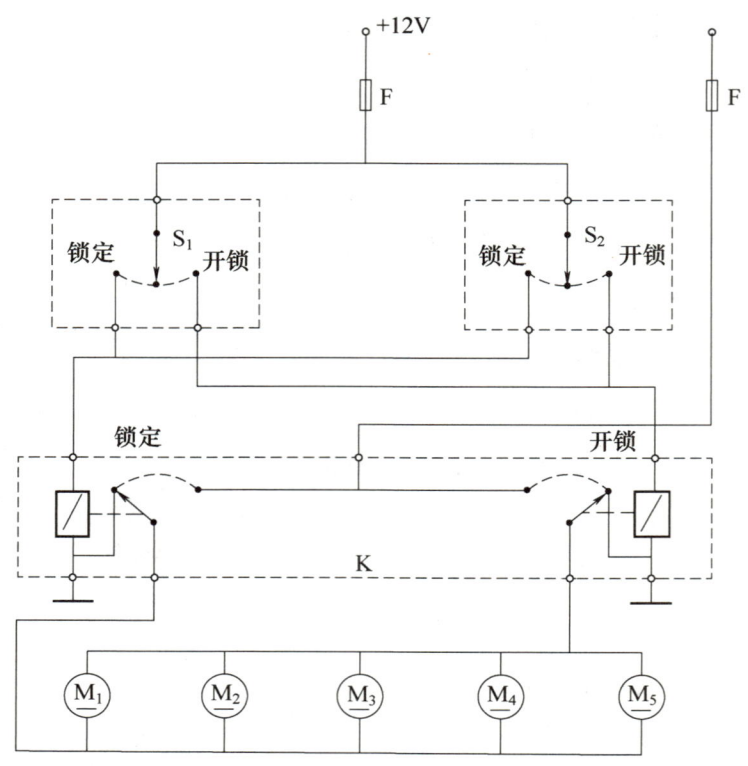

图 6-6 继电器控制的中控门锁控制电路图

S_1—左前门锁开关　S_2—右前门锁开关　K—门锁继电器　M_1—尾门锁电动机　M_2—左后门锁电动机
M_3—左前门锁电动机　M_4—右前门锁电动机　M_5—右后门锁电动机　F—熔断器

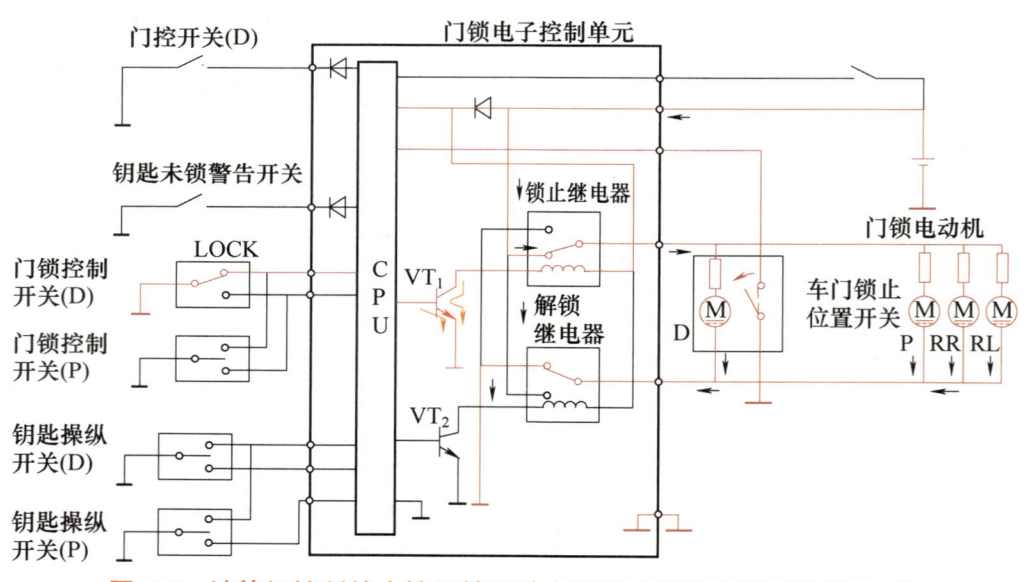

图 6-7 计算机控制的中控门锁系统电路图（门锁控制开关锁门时）

当门锁控制开关推向"开锁"（UNLOCK）一侧时，开关上的开锁导线通过门锁控制开关搭铁，CPU 将 VT_2 导通。当 VT_2 导通时，电流流至解锁继电器线圈，解锁继电器触点闭合，如图 6-8 所示。此时，电流反向通过门锁电动机，所有的车门打开。

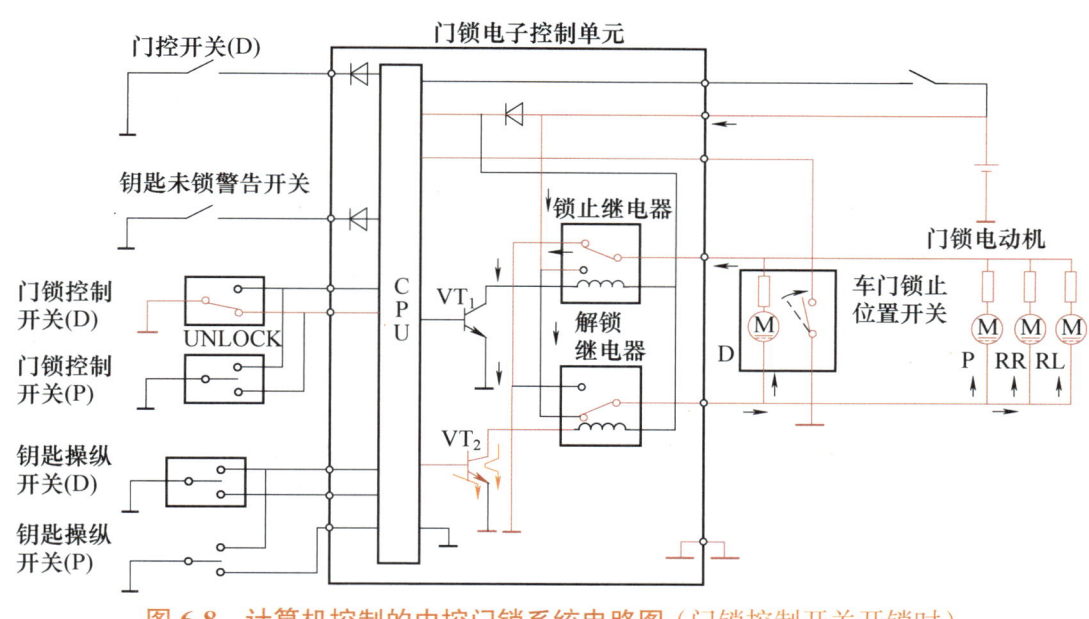

图6-8 计算机控制的中控门锁系统电路图（门锁控制开关开锁时）

3. 遥控门锁

为了便于操作，很多汽车的中控门锁系统均配备了遥控发射器，来实现锁门和开门等功能。图6-9所示为遥控门锁的组成，它的基本原理是通过遥控门锁的发射器（钥匙）发出微弱电波，此电波由汽车天线接收后送至车门控制接收器进行识别对比，若识别对比后的代码一致，车门控制接收器将信号输送给门锁电子

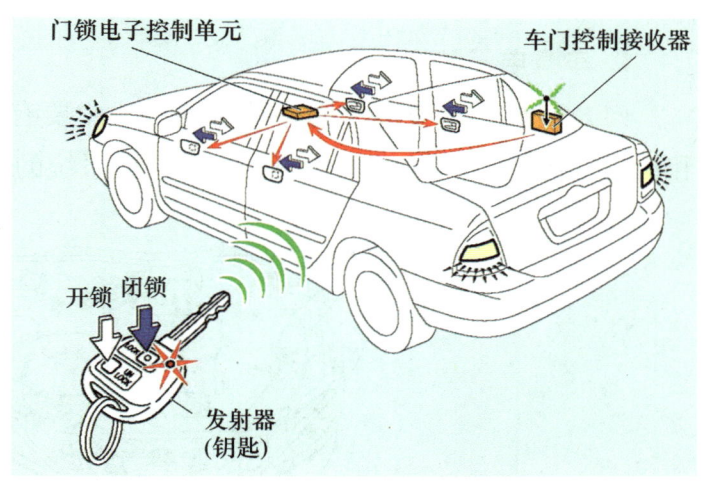

图6-9 遥控门锁的组成

控制单元，由门锁电子控制单元再把信号送至执行器，来完成相应的动作，电路图如图6-10所示。

发射器内有锂离子蓄电池，电池的设计寿命一般为两年以上，当电量用完后可以更换电池。

二、汽车防盗系统

汽车防盗器可分为机械式和电子式，机械式防盗器是用机械的方法对变速杆或转向盘进行锁定，使其不能移动。但汽车上增加了很多电子式防盗器，如果非法移动车辆、打开车门、打开行李舱舱门或打开燃油箱加注盖等，防盗器就会立刻报警。还有使起动机无法起动、使发动机计算机处于非工作状态等。

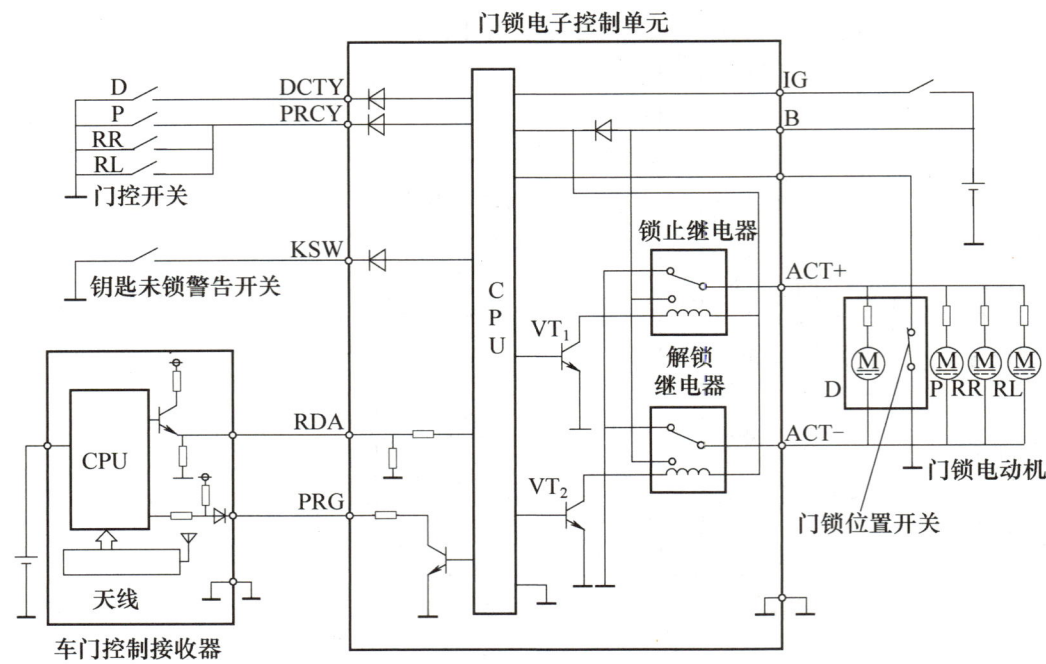

图 6-10 遥控门锁控制电路图

1. 车身电子防盗系统

（1）组成　车身电子防盗系统的组成主要有开关和传感器、防盗电子控制单元和执行机构，图 6-11 所示为车身电子防盗系统的组成。

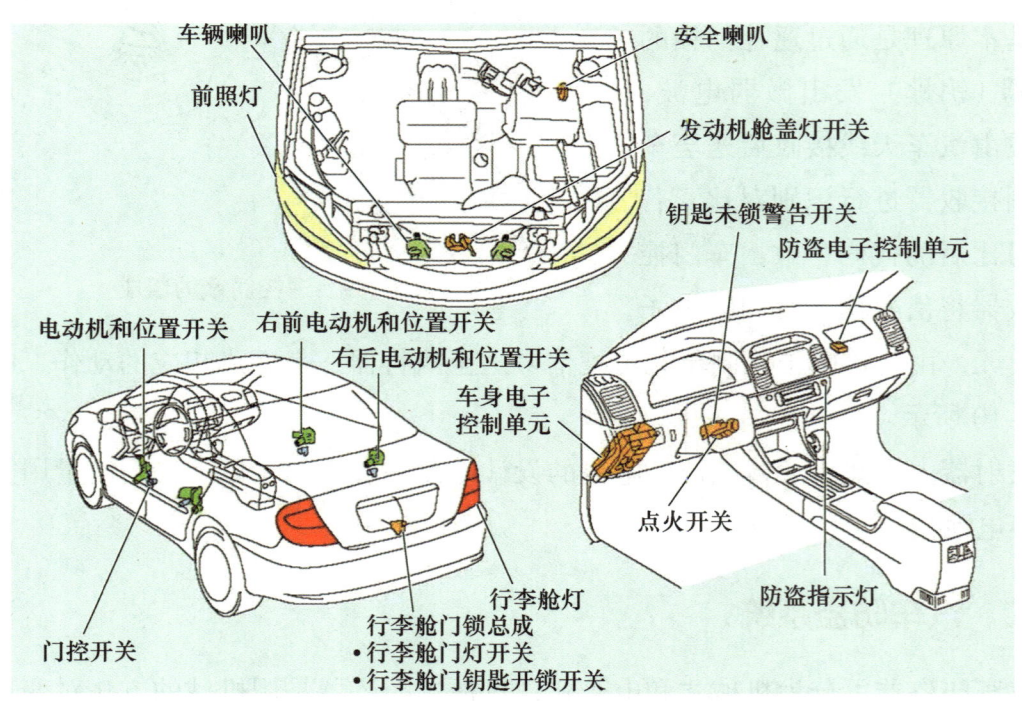

图 6-11 车身电子防盗系统的组成

（2）工作原理　当驾驶人用遥控器锁好车门时，系统进行自检，防盗灯点亮，约 30s 后防盗灯开始闪烁，表明防盗系统启动进入警戒状态，此时防盗电子控制单元和车身电子控制单元接收各开关的信号。如有人非法开启车门或行李舱等，门控开关或位于车门锁内的位置开关就会接通并将此信号送给车身电子控制单元，而遥控模块或车门锁芯开关并没有将开门信号送给防盗电子控制单元，所以防盗电子控制单元即判断为非法进入，于是接通安全喇叭和前照灯或警告灯的电路，从而起动恐吓的作用，当然它还可以使发动机无法工作，阻止车辆被开走。

2. 发动机锁定系统

发动机锁定系统是最常见的一种汽车防盗形式，它与车身电子防盗系统共同装配在汽车上，就能起到非常好的防盗效果。

（1）组成　发动机锁定系统主要由应答器芯片、应答器钥匙线圈、应答器钥匙放大器、应答器钥匙电子控制单元和发动机电子控制单元等组成，如图 6-12 所示。应答器芯片位于点火钥匙筒内。应答器钥匙电子控制单元有些车型独立安装，有些车型集成在发动机电子控制单元内部。

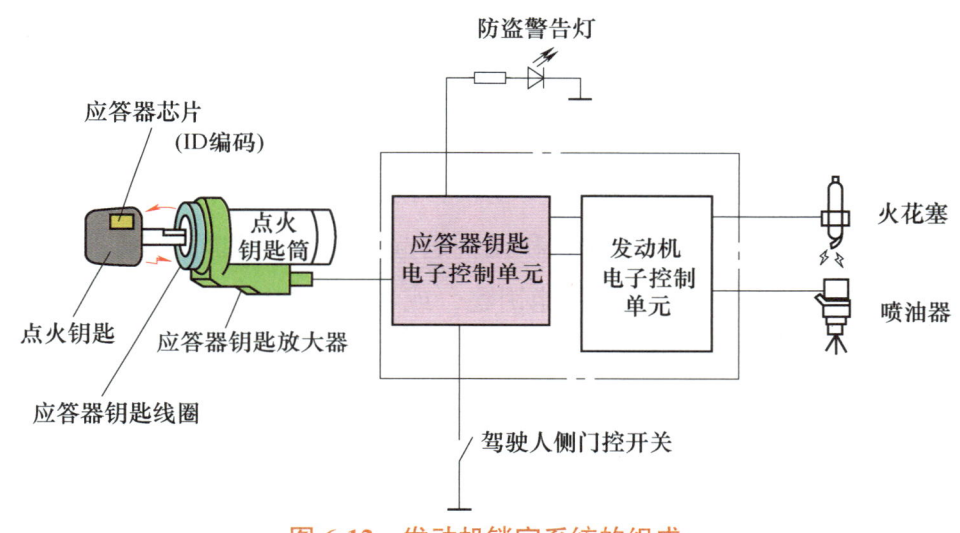

图 6-12　发动机锁定系统的组成

（2）工作原理　当点火钥匙插入点火开关锁时，钥匙开锁警告开关接通，如图 6-13 所示。应答器钥匙电子控制单元的 KSW 端子检测到此信号后，通过端子 VC5 向应答器钥匙放大器供电，并且通过 TXCT 端子发送操作信号。此时，电流被允许流进应答器钥匙线圈并产生围绕锁芯的磁场。再通过围绕锁芯磁场，钥匙内装的应答器芯片中注册的 ID 代码信号被发送到应答器线圈。应答器的钥匙放大器发送此信号到应答器钥匙电子控制单元的端子 CODE。应答器钥匙电子控制单元用注册的 ID 代码检验收到的钥匙侧的 ID 代码。如果电子控制单元判断这些信号相配，它使用专门的通信线（端子 EFIO 和端子 EFII）发送与接收信号，向发动机电子控制单元指示"发动机起动许可"，发动机锁定器系统解除，发动机可以起动。反之，发动机无法起动。

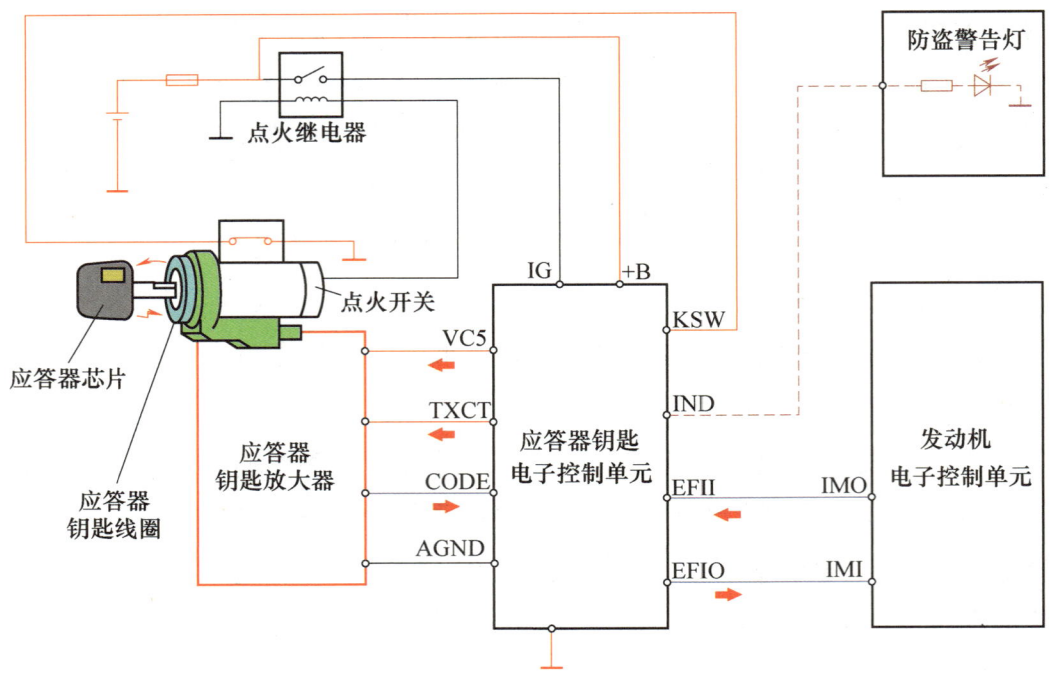

图 6-13　发动机锁定系统控制电路图

三、智能进入与起动系统

为最大限度地为车主提供便利和安全，目前很多中高级轿车上配置了智能进入与起动系统，也称为无钥匙进入系统和无钥匙起动系统。此时，车门携带的不是一个传统的带遥控的钥匙，而是一个智能钥匙，或者说是智能卡。

当车主在携带钥匙靠近汽车时，车辆自身就可以在一定的距离内感应到钥匙。钥匙芯片的 ID 会自动与发动机的 ID 进行匹配，成功配对后汽车车门自动开启或者触摸到车门把手后自动开启，无须再拿钥匙进行手动操作。当智能钥匙离开车体 3~5m 时，车门会自动上锁进入防盗警戒状态。一般装备无钥匙进入系统的车辆，其车门把手上有感应按钮，同时也有钥匙孔，以防智能卡损坏或没电时，车主仍可用普通方式开启车门。

当车主进入车内时，车内的检测系统会马上识别到智能卡，经过确认后车内的计算机进入工作状态，这时驾驶人只需踩下制动踏板，然后轻轻按下车内的起动按钮，就可以正常起动车辆了，如图 6-14 所示。

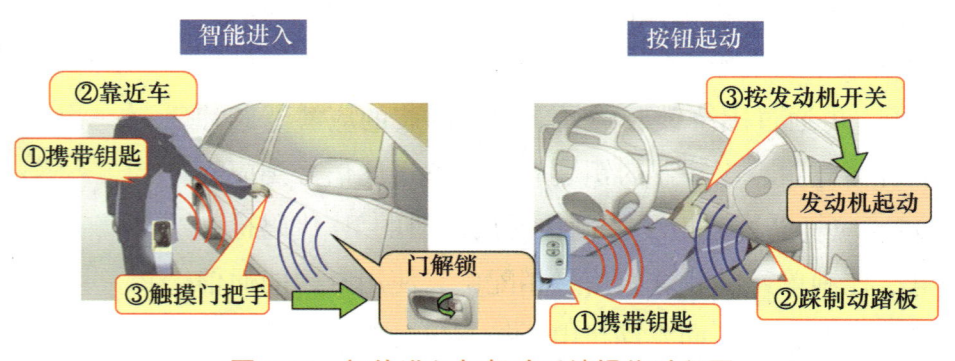

图 6-14　智能进入与起动系统操作过程图

任务六 安全防盗系统的检修

安全防盗系统的检修	学习任务单	班级： 姓名：

1. 中控门锁是指驾驶人可以在_____自己车门的同时锁住或打开其他的车门。

2. 写出图中数字所指零件的名称：

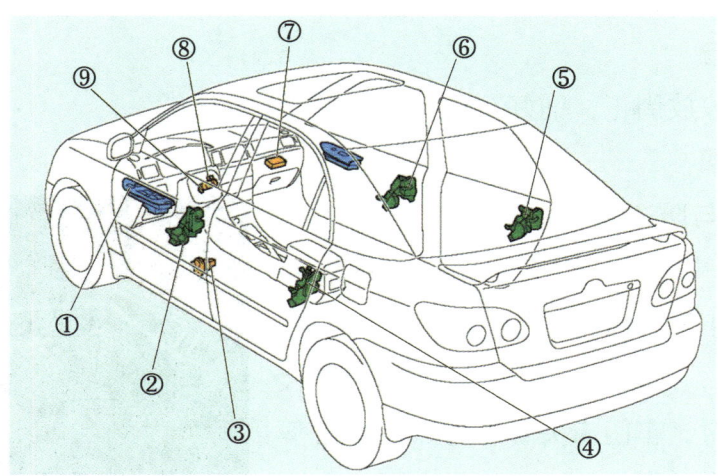

① _____ ② _____ ③ _____ ④ _____
⑤ _____ ⑥ _____ ⑦ _____ ⑧ _____
⑨ _____

3. 在下图中用红色描绘当用钥匙解锁车门时电流的回路。

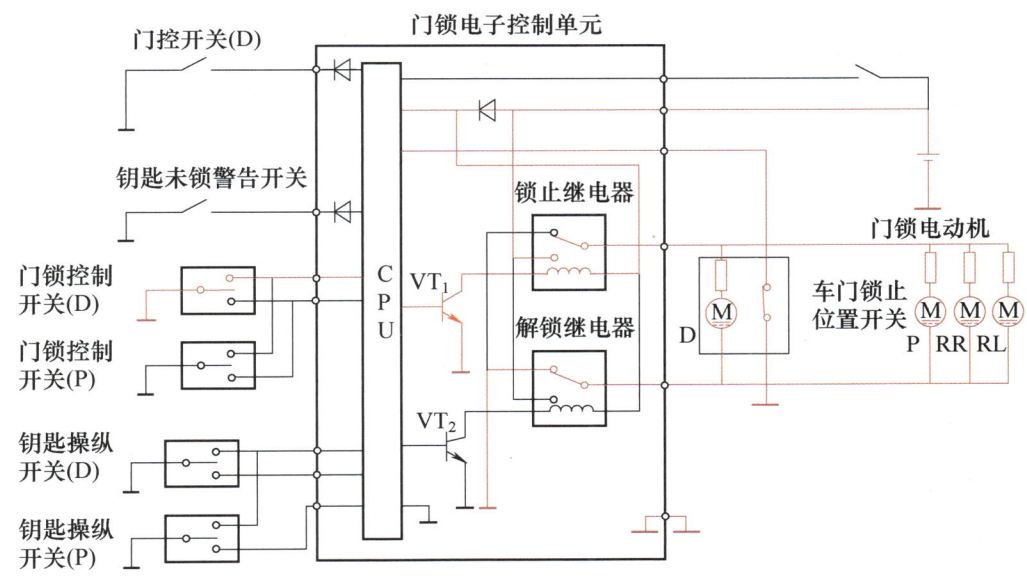

4. 发动机锁定防盗系统主要由应答器芯片、_____、应答器钥匙放大器、应答器钥匙电子控制单元和发动机电子控制单元等组成。其中，应答器芯片位于_____内。

5. 当用遥控器无法解锁和锁止车门时，最可能的原因是_____。

实训任务　安全防盗系统的检修

一、实训器材
丰田卡罗拉轿车、故障诊断仪、万用表、常用维修工具和维修手册等。

二、作业准备
车辆在工位停放周正，铺好车内和车外护套。

三、操作步骤

1. 中控门锁与防盗系统功能的检查

（1）车门未关提示功能检查　打开点火开关，关闭所有车门，仪表上的车门未关警告灯（图6-15）应熄灭，然后再逐个打开和关闭车门，当某个车门打开时，车门未关警告灯点亮；当车门关闭时，车门未关警告灯应熄灭。否则，应检查该门门控开关是否损坏。

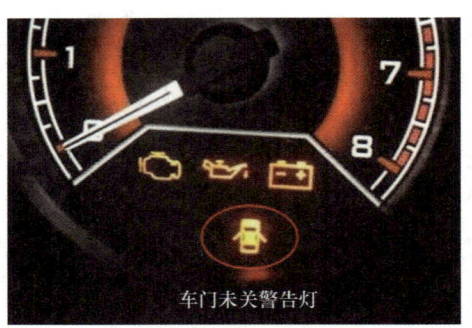

图 6-15　车门未关警告灯

（2）门锁中控功能检查　降下驾驶人侧车窗玻璃，关闭点火开关，关好所有车门，按下门锁控制开关的锁止按钮，检查所有车门外把手都应无法打开车门；当按下门锁控制开关的解锁按键时，所有车门的外把手都能打开各自车门。再用钥匙插入门锁孔，旋转钥匙锁止和解锁车门，各车门也都能同时锁止和解锁。若某个车门无法锁止和解锁，则可能是门锁损坏。

（3）防盗功能检查　降下驾驶人侧车窗玻璃，关闭点火开关，关好所有车门，按下遥控器的锁止按钮，所有车门应全部锁止，仪表板上的防盗警告灯应常亮，稍等约30s，防盗警告灯应闪烁（进入防盗状态）。此时用车门内侧拉手打开车门，防盗蜂鸣器（防盗喇叭）应立即响起。再按下遥控器的解锁按钮，防盗蜂鸣器应立即停止，所有车门也解锁。

（4）无钥匙进入与起动功能检查　关闭电源，关好所有车门，将智能钥匙拿离车门3~5m后，车门应全部锁止并进入防盗状态（防盗警告灯闪烁）；将智能钥匙靠近车门约1.5m，触摸车门把手，车门应能解锁并解除防盗。再将智能钥匙带入车内，踩下制动踏板，按下起动按钮，发动机能正常起动。

2. 中控门锁与防盗系统故障码与数据流的读取

1）将点火开关置于"OFF"位置，然后将故障诊断仪连接到故障诊断座。

2）将点火开关置于"ON"（IG）位置，并按下诊断仪电源键。

3）选择要检测的车型，进入中控门锁系统。

4）选择读取故障码，并记录故障码。

5）清除故障码，再重新读取故障码。

6）选择读取数据流，当按下各开关锁止和解锁按钮时，看各开关数据流是否活动，再查询维修手册与标准参数对比，检查数据流是否正常。

7）根据故障码或异常数据流，再查找维修手册，根据维修手册流程查找故障原因。

3. 中控门锁总成的更换

1）用内饰撬板撬下车窗玻璃开关盖板，如图 6-16 所示。

2）断开车窗玻璃开关线束插头，如图 6-17 所示。

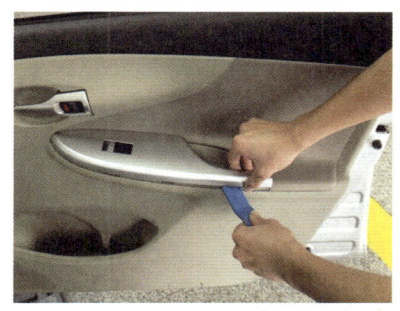

图 6-16　撬下车窗玻璃开关盖板

图 6-17　断开车窗玻璃开关线束插头

3）拧下车门饰板的固定螺钉，如图 6-18 所示。

4）用内饰撬板撬下车门内拉手固定螺钉的装饰盖板，如图 6-19 所示。

图 6-18　拧下车门饰板的固定螺钉

图 6-19　撬下装饰盖板

5）拧下车门内拉手固定螺钉，如图 6-20 所示。

6）用内饰撬板撬开车门饰板，如图 6-21 所示。

7）取下车门饰板，并断开车内拉手拉索，如图 6-22 所示。

8）拔下门锁总成线束插接器，断开门锁总成与各拉手的连接杆。

9）选用合适工具拆下门锁总成三个固定螺栓，并取下门锁总成。

10）更换新的门锁总成，并按拆卸相反的顺序安装门锁总成。

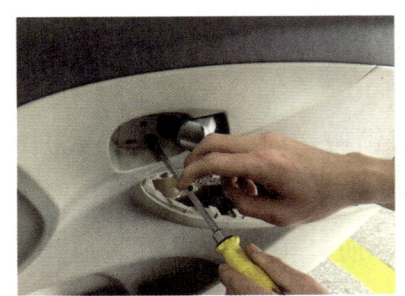

图 6-20　拧下车门内拉手固定螺钉

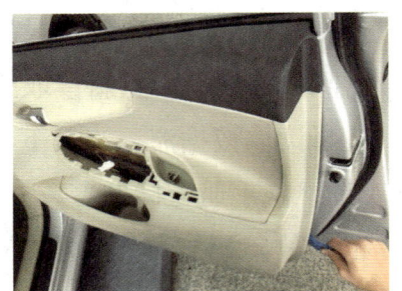

图 6-21　撬开车门饰板

4. 智能钥匙电池的更换

（1）电池电量的检查　连续三次按下 LOCK 或 UNLOCK 按钮，如图 6-23 所示。检查每次 LED 灯是否都点亮，如果三次都点亮，说明电量正常；否则说明电量过低，需要更换电池。

图 6-22　取下车门饰板

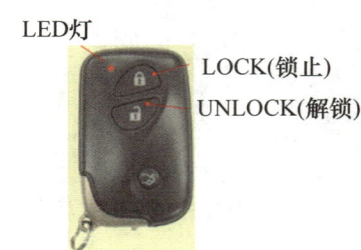

图 6-23　检查智能钥匙电池

（2）电池的更换　使用精确螺钉旋具稍许用力撬开外壳，如图 6-24 所示，然后拆卸发射器电池；使正极侧朝上，将电池安装在发射器中，并盖好外壳。

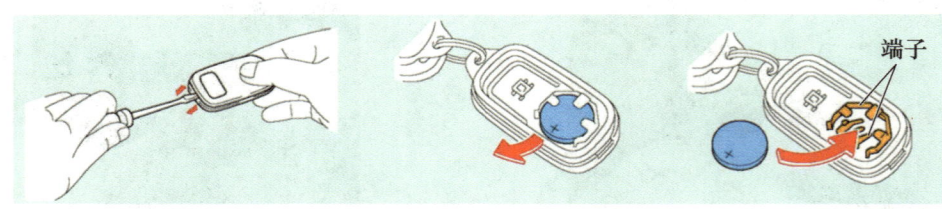

图 6-24　智能钥匙电池的更换流程图

任务六　安全防盗系统的检修

安全防盗系统的检修		工作任务单		班级：	
				姓名：	

1. 车辆信息记录

品牌		整车型号		生产年月	
发动机型号		发动机排量		行驶里程	
车辆识别代号					

2. 门锁与防盗系统功能检查

检查项目	记录	检查项目	记录
车门未关提示功能	□正常　□异常	防盗功能检查	□正常　□异常
中控门锁功能	□正常　□异常	无钥匙进入与起动功能	□正常　□异常

3. 门锁与防盗系统故障码及数据流读取

当前故障码	
清除故障码后	

参数名称	未触动	触动
左前中控电动机		
右前中控电动机		
左后中控电动机		
右后中控电动机		
车内物品防盗系统报警状态		
安全防盗系统自动读入计算器		

4. 中控门锁总成及智能钥匙电池更换

更换中控门锁总成		□已执行　□否
更换智能钥匙电池	电池型号：	□已执行　□否

5. 查询维修手册

序号	部件名称	章节及页码	规格（公制）
1		第　　章　　　　页	
2		第　　章　　　　页	
3		第　　章　　　　页	

汽车车身与底盘电控系统检修

安全防盗系统的检修			实习日期：	
姓名：	班级：		学号：	导师签名：
自评：□合格 □不合格	互评：□合格 □不合格		师评：□合格 □不合格	
日期：	日期：		日期：	

安全防盗系统的检修【评分细则】

序号	评分项	得分条件	分值	评分要求	自评	互评	师评
1	安全/7S/态度	□1. 能进行工位 7S 操作 □2. 能进行设备和工具安全检查 □3. 能进行车辆安全防护操作 □4. 能进行工具清洁、校准、存放操作 □5. 能进行三不落地操作	15	未完成1项扣3分，扣分不得超过15分	□熟练 □不熟练	□熟练 □不熟练	□合格 □不合格
2	专业技能能力	作业 1 □1. 能正确检查车门未关提示功能 □2. 能正确检查中控门锁功能工作情况 □3. 能正确检查防盗系统功能 □4. 能正确检查无钥匙功能工作情况 作业 2 □1. 能正确读取防盗系统故障码 □2. 能正确读取门锁与防盗系统数据流 作业 3 □1. 能正确拆装中控门锁开关 □2. 能正确拆装车门饰板 □3. 能正确拆装拉手拉索 □4. 能正确更换中控门锁总成 □5. 能正确检查智能钥匙电量 □6. 能正确更换智能钥匙的电池	50	未完成1项扣5分，扣分不得超过50分	□熟练 □不熟练	□熟练 □不熟练	□合格 □不合格
3	工具及设备的使用能力	□1. 能正确选用维修工具 □2. 能正确使用故障诊断仪 □3. 能正确选用专用维修工具	10	未完成1项扣3分，扣分不得超过10分	□熟练 □不熟练	□熟练 □不熟练	□合格 □不合格
4	资料、信息查询能力	□1. 能正确查询中控门锁总成拆装步骤 □2. 能正确查询钥匙电池拆装步骤 □3. 能正确识读维修手册查询资料 □4. 能正确记录查询资料的章节及页码 □5. 能正确记录所需维修信息	10	未完成1项扣2分，扣分不得超过10分	□熟练 □不熟练	□熟练 □不熟练	□合格 □不合格
5	数据判断和分析能力	□1. 能判断防盗功能是否正常 □2. 能判断防盗系统数据流是否正常 □3. 能判断智能钥匙工作是否正常	10	未完成1项扣3分，扣分不得超过10分	□熟练 □不熟练	□熟练 □不熟练	□合格 □不合格
6	表单填写报告的撰写能力	□1. 字迹清晰 □2. 语句通顺 □3. 无错别字 □4. 无涂改 □5. 无抄袭	5	未完成1项扣1分，扣分不得超过5分	□熟练 □不熟练	□熟练 □不熟练	□合格 □不合格

总分：

任务七　舒适系统的检修

 学习目标

知识目标：	技能目标：	素养目标：
1）掌握电动车窗、电动后视镜、电动座椅和天窗的组成。 2）会分析电动车窗、电动后视镜、电动座椅和天窗电路图。	1）能读取舒适各系统的故障码与数据流，并会动作测试各部件。 2）会清洁和维护舒适系统各部件。 3）会排除舒适系统电路简易故障。	1）能够在工作过程中与小组其他成员合作、交流，培养团队合作意识，锻炼沟通能力。 2）养成7S的工作习惯。 3）养成服从管理、规范作业的良好工作习惯。

 任务描述

一辆丰田卡罗拉轿车用户反映：右前车窗玻璃无法升降，需要你进行检查，确定故障部位并进行修理。

相关知识

一、电动车窗

1. 电动车窗的作用

为了方便驾驶人和乘客，减轻他们的劳动强度，许多轿车采用了电动车窗，又称为自动车窗，利用电动机来驱动升降器使车窗玻璃上下移动，操作便利并有利于行车安全，如图7-1所示。

2. 电动车窗的组成

电动车窗主要由车窗玻璃升降器、升降器电动机、开关（车窗总开关、锁止开关和车窗开关）等组成，如图7-2所示。

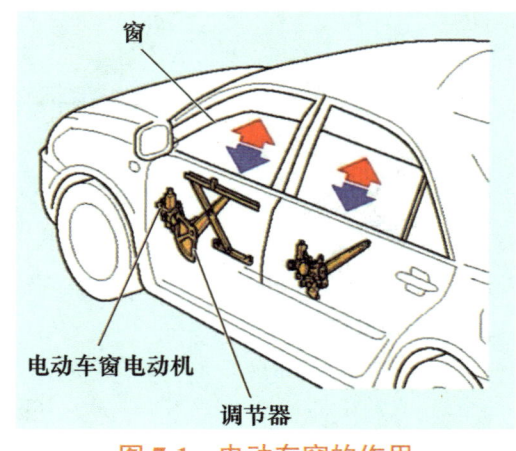

图7-1　电动车窗的作用

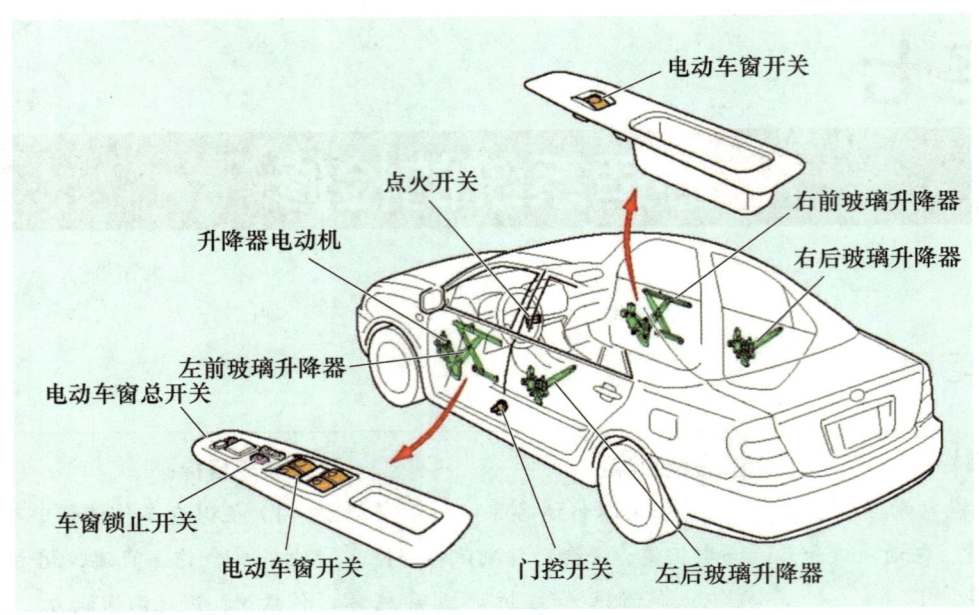

图7-2 电动车窗的组成

（1）玻璃升降器 常用的玻璃升降器有齿扇式和钢丝滚筒式两种，如图7-3所示。

齿扇式玻璃升降器是通过齿扇来实现换向作用的。齿扇上安装有螺旋弹簧，当车窗上升时，螺旋弹簧伸展，释放弹性能量，以减轻电动机负荷；当车窗下降时，螺旋弹簧收缩，吸收能量，从而使车窗无论是上升还是下降，电动机的负荷基本相同。

钢丝滚筒式玻璃升降器在直流电动机前端安装有减速机构，其上安装一个绕有钢丝的滚筒，玻璃托架固定在钢丝上且可在滑动支架上移动。

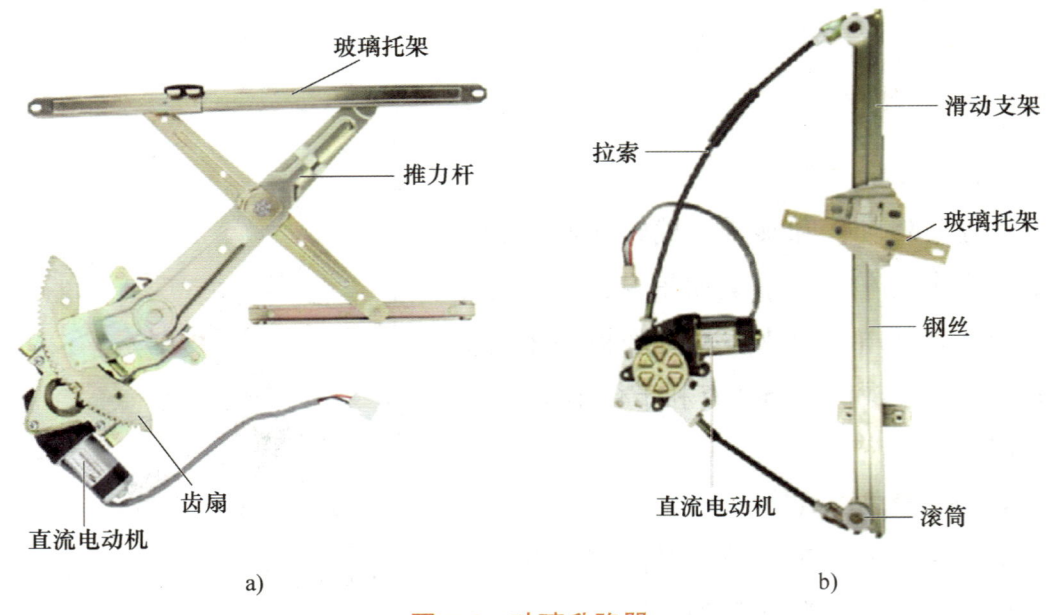

图7-3 玻璃升降器

a）齿扇式玻璃升降器 b）钢丝滚筒式玻璃升降器

（2）升降器电动机　电动车窗上采用的电动机有永磁式和双绕组串励式两种，永磁式应用较多，如图7-4所示。永磁式车窗电动机通过改变电流的方向，就可以实现正向或反向旋转，即能完成玻璃的上升或下降功能。

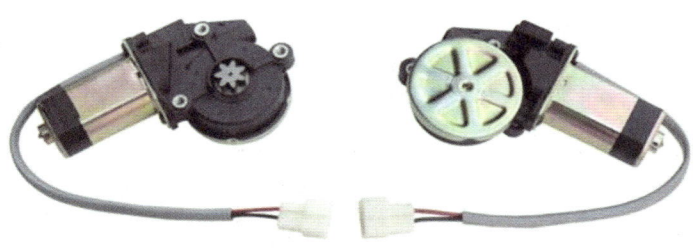

图7-4　永磁式车窗电动机

（3）车窗开关　所有的电动车窗系统都有两套控制开关：一套是总开关（图7-5a），安装在驾驶人侧车门扶手上或仪表板上，由驾驶人操纵；另一套为车窗开关（图7-5b），安装在每个乘客侧车窗中部，可由乘客操纵该窗的升降。但在车窗总开关上安装有车窗锁止开关，如果断开它，所有乘客侧车窗开关就不能控制车窗的升降。

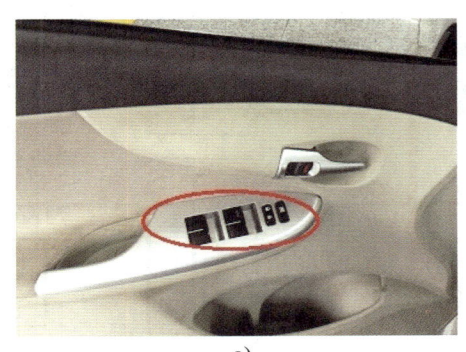 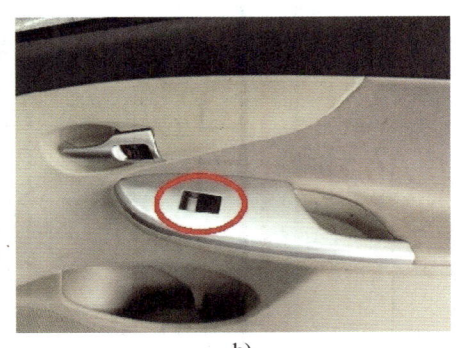

图7-5　车窗开关
a）车窗总开关　b）车窗开关

3. 电动车窗的控制电路与工作原理（不带控制器）

图7-6所示为较常见的电动车窗控制系统电路图，它采用永磁式直流电动机驱动车窗玻璃升降。

当点火开关处于IG（运行档）位置时，电动车窗继电器线圈通电，继电器触点吸合，接通蓄电池电源至各车窗控制开关。位于驾驶人侧的总开关控制驾驶人侧车窗的升降，同时也能控制其他车窗的升降。其他车窗控制开关只能控制相应的车窗升降。

（1）驾驶人侧车窗的控制　驾驶人侧车窗的升降由驾驶人侧车窗主开关控制电动机的正向和反向运转。

当驾驶人按下（下降）总开关内的驾驶人侧车窗开关时，总开关端子3-1、2-11接通。电流从蓄电池电源→电动车窗继电器触点→发动机熔丝盒E19（20A）熔丝→总开关3号端子→下降触点→总开关1号端子→左前电动车窗电动机2号端子→1号端子→总开关2号端子→上升触点→总开关11号端子→搭铁。电动机控制回路接通，电动机正转工作，带动车窗玻璃升降器向下运动。

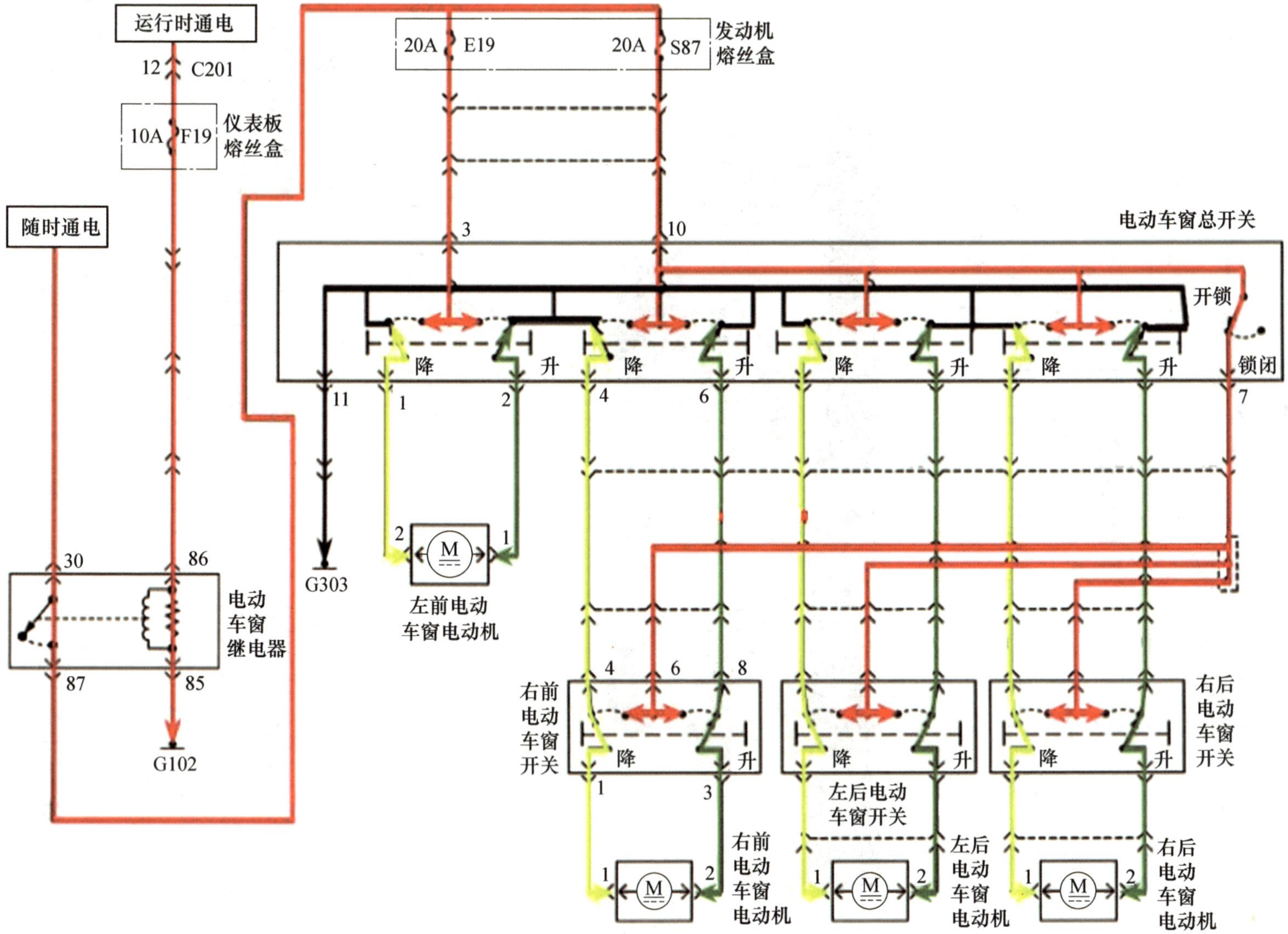

图 7-6 电动车窗控制系统电路图

当驾驶人提升（上升）总开关内的驾驶人侧车窗开关时，总开关端子3-2、1-11接通。电流从蓄电池电源→电动车窗继电器触点→发动机熔丝盒E19（20A）熔丝→总开关3号端子→上升触点→总开关2号端子→左前电动车窗电动机1号端子→2号端子→总开关1号端子→下降触点→总开关11号端子→搭铁。电动机控制回路接通，电动机反转工作，带动车窗玻璃升降器向上运动。

（2）乘客侧车窗的控制　三个乘客侧车窗的控制基本相同，现以前排乘客车窗控制为例，前排乘客车窗的控制方式可分为前排乘客开关控制和总开关控制。前排乘客开关控制的前提条件是总开关内的安全开关须闭合。

前排乘客车窗开关控制：

当乘客按下（下降）右前电动车窗开关时，右前电动车窗开关端子6-3、4-1接通。电流从蓄电池电源→电动车窗继电器触点→发动机熔丝盒S87（20A）熔丝→总开关10号端子→安全开关触点→总开关7号端子→右前电动车窗开关6号端子→上升触点→右前电动车窗开关3号端子→右前电动车窗电动机2号端子→1号端子→右前电动车窗开关1号端子→下降触点→右前电动车窗开关4号端子→总开关4号端子→下降触点→总开关11号端子→搭铁。电动机控制回路接通，电动机反转工作，带动车窗玻璃升降器向上运动。

当乘客提升（上升）右前电动车窗开关时，右前电动车窗开关端子6-1、8-3接通。电流从蓄电池电源→电动车窗继电器触点→发动机熔丝盒S87（20A）熔丝→总开关10号端子→安全开关触点→总开关7号端子→右前电动车窗开关6号端子→下降触点→右前电动车窗开关1号端子→右前电动车窗电动机1号端子→2号端子→右前电动车窗开关3号端子→上升触点→右前电动车窗开关8号端子→总开关6号端子→上升触点→总开关11号端子→搭铁。电动机控制回路接通，电动机正转工作，带动车窗玻璃升降器向下运动。

总开关控制：

当驾驶人按下（下降）总开关内的右前电动车窗开关时，总开关端子10-4、11-6接通。电流从蓄电池电源→电动车窗继电器触点→发动机熔丝盒S87（20A）熔丝→总开关10号端子→下降触点→总开关4号端子→右前电动车窗开关4号端子→下降触点→右前电动车窗开关1号端子→右前电动车窗电动机1号端子→2号端子→右前电动车窗开关3号端子→上升触点→右前电动车窗开关8号端子→总开关6号端子→上升触点→总开关11号端子→搭铁。电动机控制回路接通，电动机正转工作，带动车窗玻璃升降器向下运动。

当驾驶人提升（上升）总开关内的右前电动车窗开关时，总开关端子10-6、11-4接通。电流从蓄电池电源→电动车窗继电器触点→发动机熔丝盒S87（20A）熔丝→

总开关 10 号端子→上升触点→总开关 6 号端子→右前电动车窗开关 8 号端子→上升触点→右前电动车窗开关 3 号端子→右前电动车窗电动机 2 号端子→1 号端子→右前电动车窗开关 1 号端子→下降触点→右前电动车窗开关 4 号端子→总开关 4 号端子→下降触点→总开关 11 号端子→搭铁。电动机控制回路接通，电动机反转工作，带动车窗玻璃升降器向上运动。

4. 电动车窗控制电路与工作原理（带控制器）

图 7-7 所示为通用威朗轿车左后门和右后门电动车窗控制电路图，该车型车窗控制电路的特点是每个乘客侧车窗开关都是一个控制器，它们通过数据线与车身控制模块（K9）通信，车窗总开关也通过数据线与 K9 通信，车窗总开关通过数据线和 K9 可以控制每个车窗玻璃的升降。

二、电动后视镜

1. 组成

汽车电动后视镜一般由镜片、驱动电动机、控制电路及开关（操纵开关和选择开关）等组成，如图 7-8 所示。

在后视镜镜片的背后有两个可逆驱动电动机，可操纵其上下及左右运动。通常，上下方向由一个永磁电动机控制，左右方向由另一个永磁电动机控制。当选择开关按到 L 时，可以调整左侧后视镜上下和左右倾斜；当选择开关按到 R 时，可以调整右侧后视镜上下和左右倾斜。

2. 控制电路

图 7-9 所示为较常见车型的电动后视镜控制电路图。

当驾驶人将选择开关按向 L（左）时，选择需要调整左侧后视镜的角度，如驾驶人再按下操纵开关的左按钮时，此时电流从电动后视镜开关的 8 号端子流入，经操纵开关左触点到选择开关左触点从 5 号端子流出，到达左后视镜电动机（左侧），再流入电动后视镜开关 6 号端子，经操纵开关左/上触点后搭铁。如驾驶人再按下操纵开关的右按钮时，此时电流从电动后视镜开关的 8 号端子流入，经操纵开关右/下触点从 6 号端子流出，到达左后视镜电动机（左侧），再流入电动后视镜开关 5 号端子，经选择开关左触点到操纵开关右触点后搭铁。

三、电动座椅

中高级轿车的座椅多是电动可调的，又称为电动座椅。人们对轿车舒适性的评价多是通过座椅感受的，所以轿车上配备的电动座椅必须要满足便利性和舒适性两大要求，即驾驶人通过操纵键，不仅能使驾驶人获得最好的视野，便于操纵转向盘、

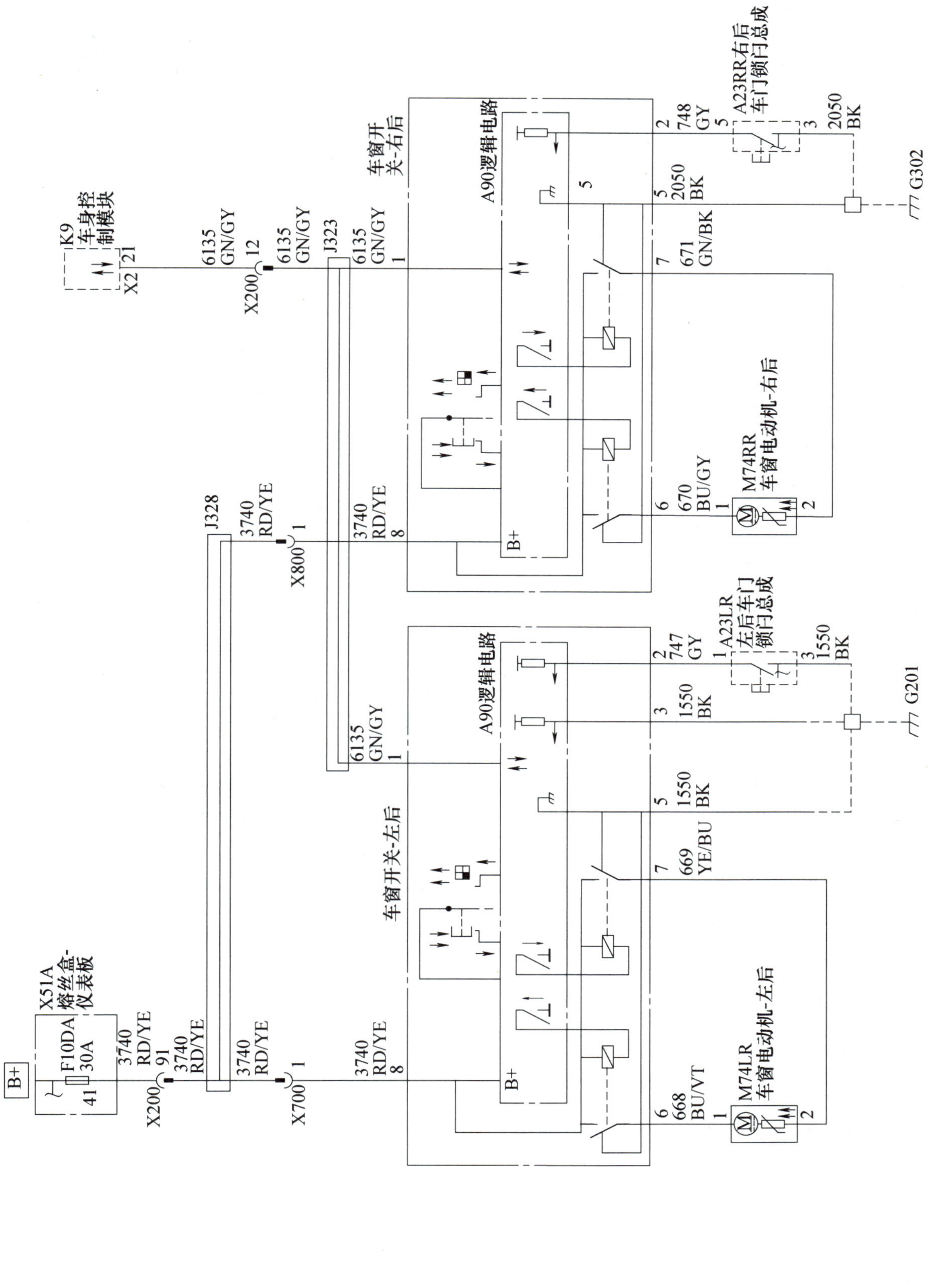

任务七 舒适系统的检修

图 7-7 通用威朗轿车左后门和右后门电动车窗控制电路图

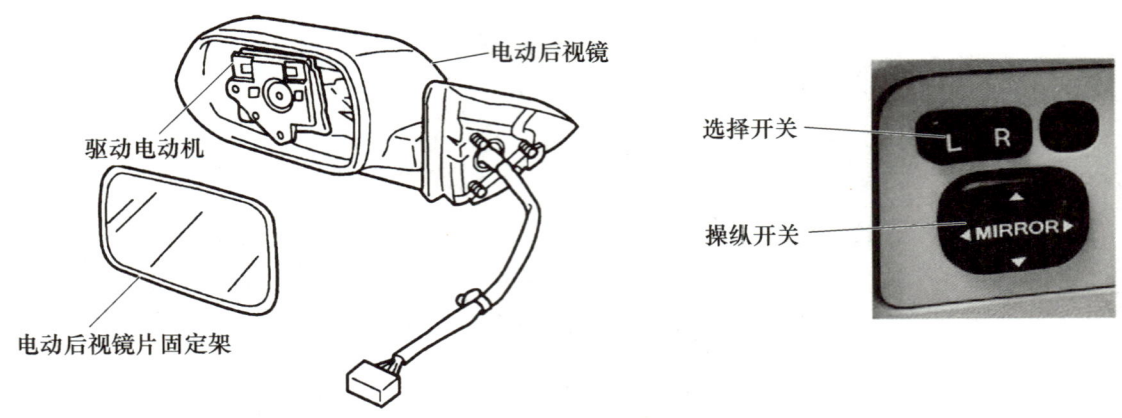

图 7-8 电动后视镜的组成

踏板和变速杆等，还可以将座椅调整到最佳的位置上，获得最舒适和最习惯的乘坐角度。为了满足这些要求，汽车厂家不断采用机械和电子技术手段，制造出可调整的电动座椅。

座椅造型的设计，要充分考虑人体身高、重量、乘坐姿势和重量分布等因素，并应用人机工程学等先进技术，制造出乘坐舒适、久坐不乏的座椅。可调式电动座椅应按人体轮廓要求设计，能为人体的头部、背部、腰部和臀部提供最佳位置，有些还具有加热功能，在寒冷天气可使乘坐更加舒适。由于座椅还起到车厢装饰的作用，因此座椅面料的颜色要与车厢的总色调配合一致，且手感柔和、质地优良，使人们一坐上去就有一种舒适的感觉。

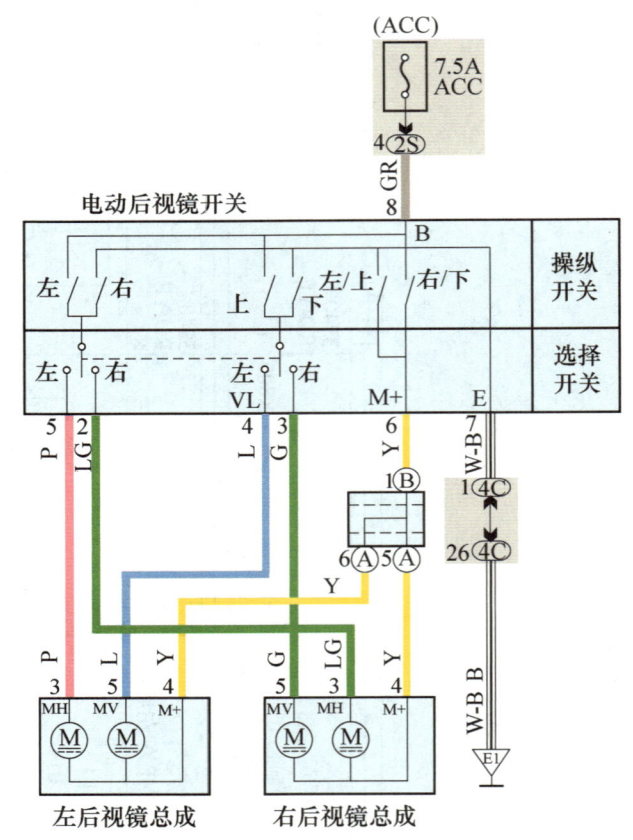

图 7-9 较常见车型的电动后视镜控制电路图

图 7-10 所示为丰田卡罗拉电动座椅的功能，可实现座椅前后滑动功能、靠背倾斜调节功能、高度升降功能和腰部支撑功能。

1. 组成

电动座椅主要由控制开关、双向电动机、传动机构和调节控制电路等组成，如图 7-11 所示。

电动机的个数取决于座椅调节功能的范围，如果只是调节座椅前后移动，仅需要一个电动机即可实现。在此功能的基础上再加装两个电动机，就可以实现座椅的上下升降、靠背倾斜调节，这就是六向移动座椅，装配三个电动机。很多高级轿车还增加了调整头枕、腰部调节等功能，这些功能使乘坐更加舒适。所有这些功能都必须通过电动机带动传动机构来实现。

2. 控制电路

图 7-12 所示为较常见车型的电动座椅控制电路图。当驾驶人需要倾斜调整座椅靠背时，按下前倾开关，前倾开关接通，电流从电动座椅开关端子 1 流入，经前倾开关触点从端子 3 流出，流入靠背倾斜调节电动机又到电动座椅开关端子 2，经后倾常闭触点后搭铁。

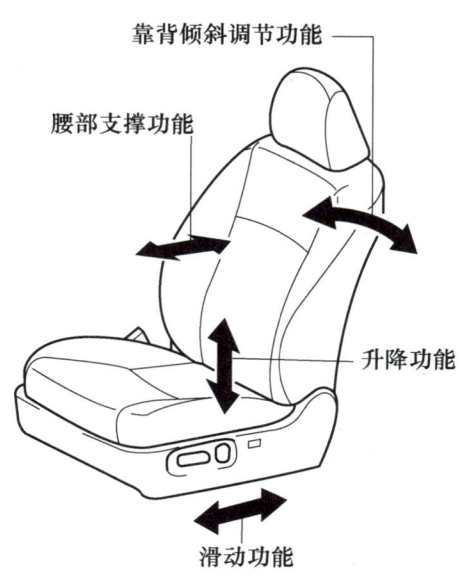

图 7-10　丰田卡罗拉电动座椅的功能

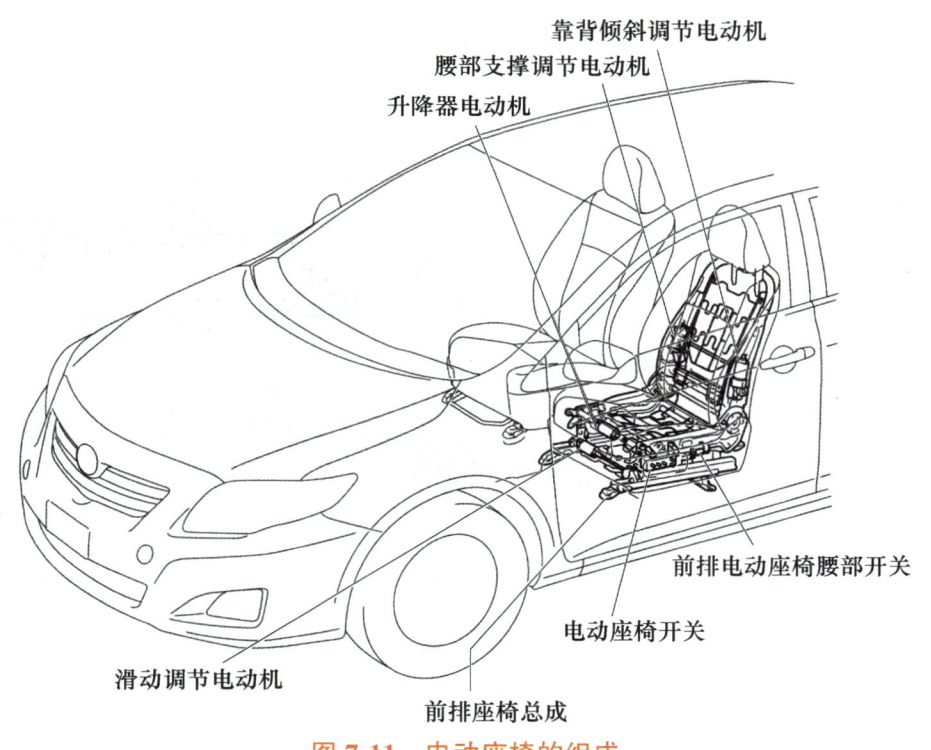

图 7-11　电动座椅的组成

当驾驶人需要倾斜调整座椅靠背时，按下后倾开关，后倾开关接通，电流从电动座椅开关端子 1 流入，经后倾开关触点从端子 2 流出，流入靠背倾斜调节电动机又到电动座椅开关端子 3，经前倾常闭触点后搭铁，此时电流方向与前倾时相反，电动机转向也相反，因此一个电动机能实现前倾和后倾的调节。其他功能的调节原理与倾斜功能类似。

在一些轿车的电动座椅开关中还有控制器，它具有储存记忆能力，只要按下某一个记忆键钮，即可自动将电动座椅调整到储存的位置上。

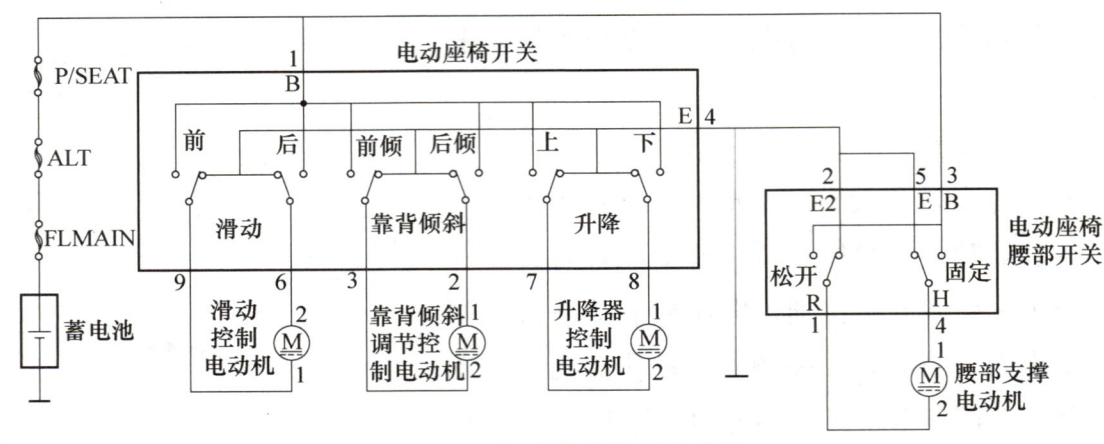

图 7-12　电动座椅控制电路图

四、电动天窗

1. 作用

天窗在中高级以上轿车中装配得非常普遍，它具有通风换气、除雾和开阔视野等功能，如图 7-13 所示。

（1）通风换气　换气是汽车加装天窗最主要的目的。没有天窗的汽车，遇到车内空气污浊，如废气、吸烟、夏季车内霉变等，通常只能打开侧窗，给车内换气，这种方法不仅使乘客感到

图 7-13　汽车天窗

不舒服，同时效果也不理想，而且车外污浊的空气和噪声也会进入车内。汽车天窗改变了用侧窗换气的方法，天窗是利用负压换气的原理，依靠汽车在行驶时气流在车顶快速流动形成负压，将车内污浊的空气抽出，由于不是直接进风，而是将污浊的空气抽出，以及新鲜空气从进气口补充的方式进行通风换气，车内气流极其柔和，没有风直接刮在身上的不适感觉，也不会有尘土卷入。

（2）除雾　春夏两季雨水多、湿度大，前风窗玻璃常有雾气，车内空气也容易污浊，这时打开天窗至后翘通风位置，顷刻间雾气消失，空气清新，又无雨水进入车内，给开车增加了舒适与安全的感觉。

（3）开阔视野　天窗可以使驾乘人员的视野开阔，并且能够亲近自然和沐浴阳光，驱除被封在车厢内的压抑感。

2. 结构

汽车天窗的基本结构如图 7-14 所示，它主要由控制开关、滑动机构、电动机与天窗控制器和排水管等组成。

控制开关主要包括滑动开关和斜升开关。滑动开关有滑动打开、滑动关闭和断开（中间位置）三个档位。斜升开关也有斜升、斜降和断开（中间位置）三个档位。操作这些开关，可以使天窗电动机实现正反转，使天窗实现不同状态下工作。

天窗的控制器与电动机一般做成一体，电动机通过传动装置向天窗的开闭提供动力。电动机能双向转动，即通过改变电流的方向，以改变电动机的旋转方向，实现天窗的开闭。

天窗的四个角落都设有排水管，天窗最常见的故障就是排水管堵塞或脱落造成汽车顶棚漏水。

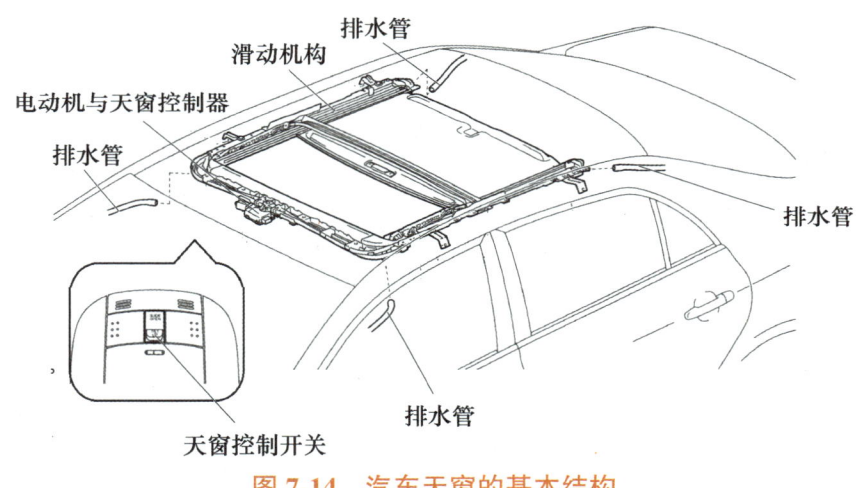

图 7-14 汽车天窗的基本结构

3. 控制电路

1）图 7-15 所示为丰田卡罗拉天窗控制电路图。此车型只有滑动开关，没有斜升开关。天窗控制电子控制单元由端子 1、2 和 5 提供电源；接收天窗开关的信号就可以控制电动机的正反向旋转，即可控制天窗的关闭。

2）图 7-16 所示为通用威朗汽车天窗控制电路图。该车型的天窗开关和倾斜开关位于不同位置时电阻值不同，天窗控制模块通过接收不同的电压降信号，即可完成对电动机的正反向控制。

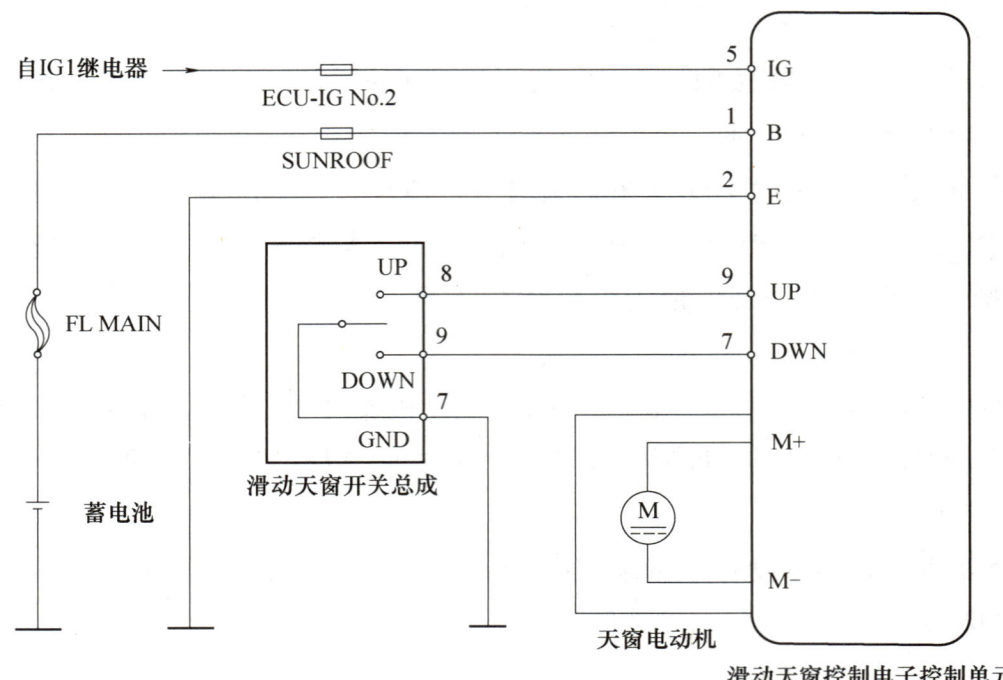

图 7-15 丰田卡罗拉天窗控制电路图

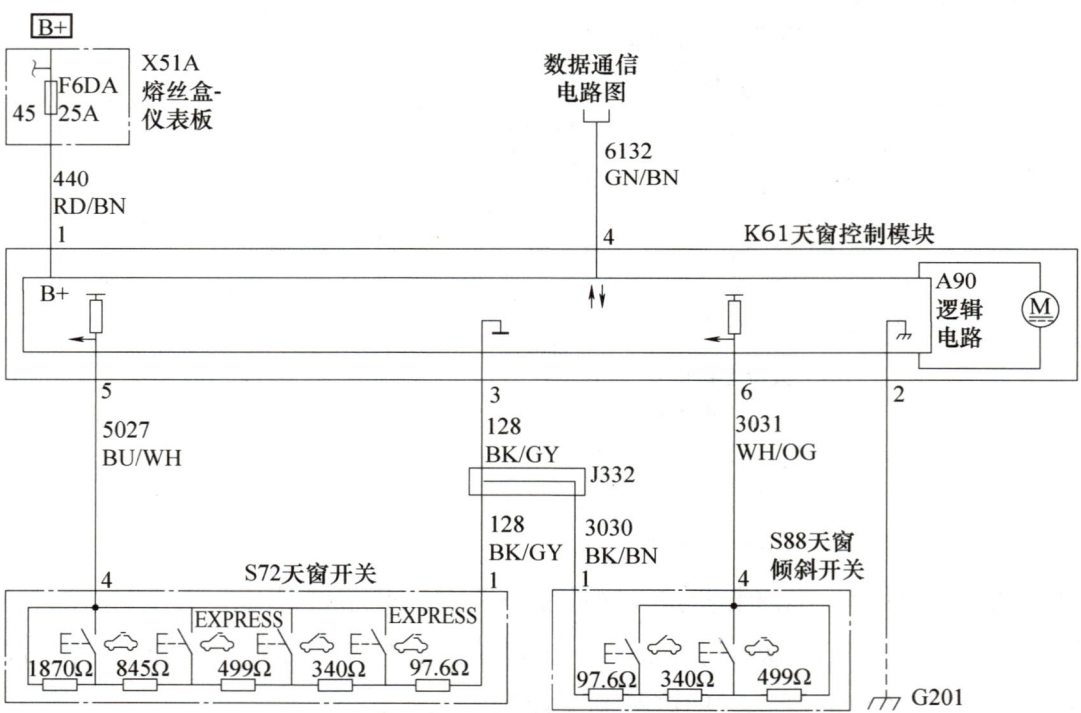

图 7-16 通用威朗汽车天窗控制电路图

任务七 舒适系统的检修

舒适系统的检修	学习任务单	班级： 姓名：

1. 写出图中数字所指零件的名称：

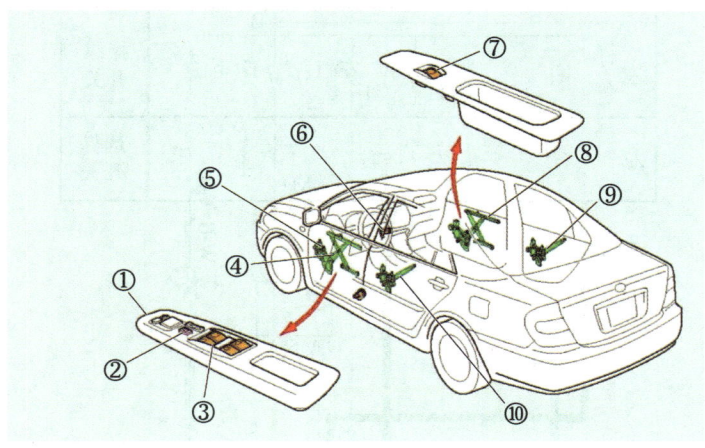

① _____　② _____　③ _____　④ _____

⑤ _____　⑥ _____　⑦ _____　⑧ _____

⑨ _____　⑩ _____

2. 在下图中用红笔描绘当驾驶人操纵左后窗下降时和乘客操纵右前窗上升时电流流经的路线，并用箭头标明方向。

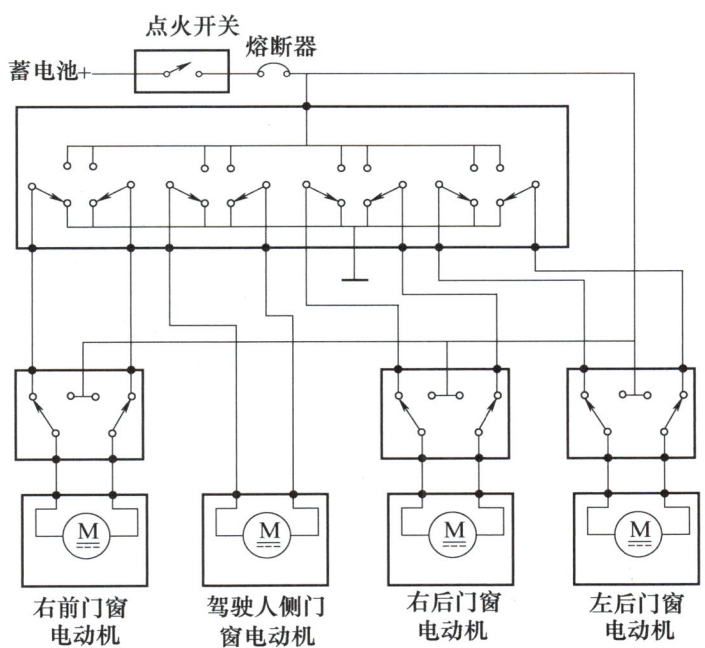

3. 在下图中用红笔描绘当驾驶人操纵左侧后视镜向上倾斜时电流流经的路线，并用箭头标明电流方向。

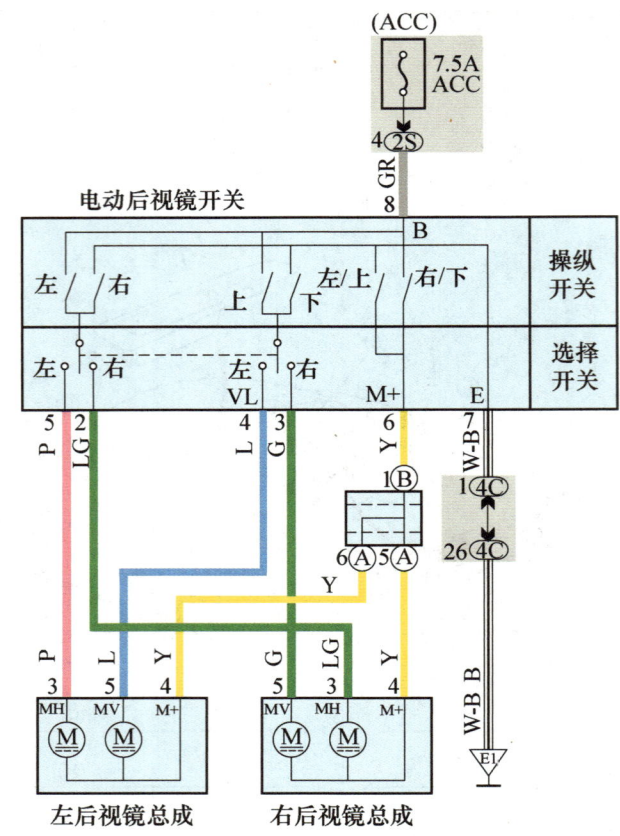

4. 写出图中数字所指零件的名称：

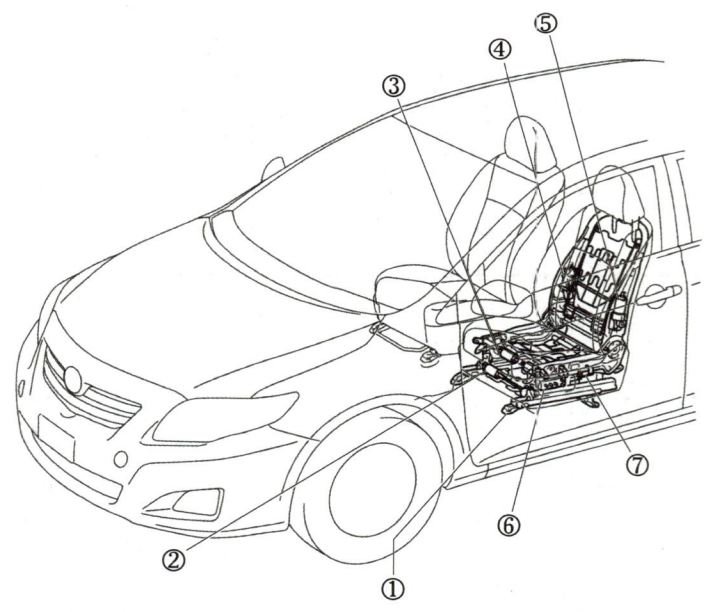

① _____ ② _____ ③ _____ ④ _____
⑤ _____ ⑥ _____ ⑦ _____

任务七 舒适系统的检修

实训任务 舒适系统的检修

一、实训器材

通用威朗或卡罗拉轿车、故障诊断仪、润滑剂、清洁剂、抹布、常用维修工具和维修手册等。

二、作业准备

车辆在工位停放周正，铺好车内和车外护套。

三、操作步骤

1. 数据流读取与动作测试（通用威朗轿车）

（1）电动车窗数据流读取

1）将点火开关置于"OFF"位置，将故障诊断仪连接到故障诊断座。

2）将点火开关置于"ON"（IG）位置，并按下诊断仪电源键。

3）选择要检测的车型，进入车身系统，再进入电动车窗系统。

4）选择读取故障码，并记录故障码。

5）选择读取数据流，分别操作车窗总开关和乘客侧开关，各开关数据流应活动。

6）根据故障码和异常数据流信息查找维修手册，再根据维修手册流程查找故障原因。

（2）电动车窗动作测试

1）将故障诊断仪从数据流界面退出，进入执行元件测试菜单。

2）单击需要测试的车窗测试，该车窗电动机应动作。

（3）天窗数据流读取

1）将点火开关置于"OFF"位置，将故障诊断仪连接到故障诊断座。

2）将点火开关置于"ON"（IG）位置，并按下诊断仪电源键。

3）选择要检测的车型，进入车身系统，再进入天窗系统。

4）选择读取故障码，并记录故障码。

5）选择读取数据流，分别操纵滑动开关和倾斜开关，各开关数据流应活动。

6）根据故障码和异常数据流信息查找维修手册，再根据维修手册流程查找故障原因。

2. 车门车窗饰件维护

（1）天窗排水孔清洁

1）打开天窗到全开位置。

2）将车窗导轨内的异物清理干净，如果导轨较脏，可以喷清洁润滑剂，如图 7-17 所示。

3）将天窗排水孔周围的异物清理干净。

4）用压缩空气和气枪疏通各条排水管。

5）在天窗导轨上涂抹专用润滑脂，如图 7-18 所示。

6）多次开关天窗，检查运行应匀速且无异常声音。

图 7-17　清理车窗导轨内的异物

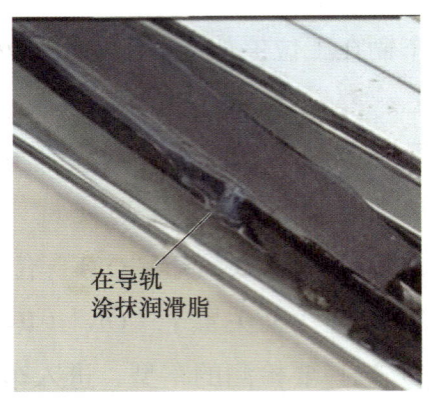

图 7-18　在导轨上涂抹专用润滑脂

（2）车门铰链清洁润滑

1）用清洁润滑剂喷到各车门铰链处，将铰链原来的铁锈和油泥清理干净，如图 7-19 所示。

2）用干净的抹布将各车门铰链擦干净。

3）将专用润滑脂均匀涂抹在各车门铰链上，如图 7-20 所示。

4）开关车门多次，检查开关车门时是否有异常声音，如果还有异常声响，检查润滑脂涂抹是否到位，如到位说明车门铰链可能损坏。

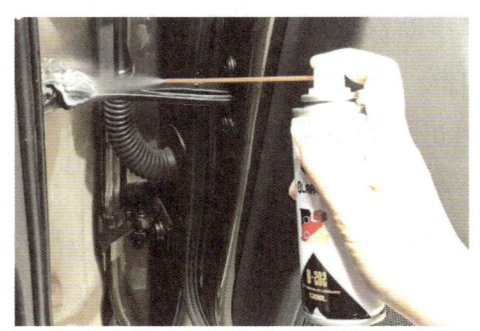

图 7-19　清理铰链上的铁锈和油泥

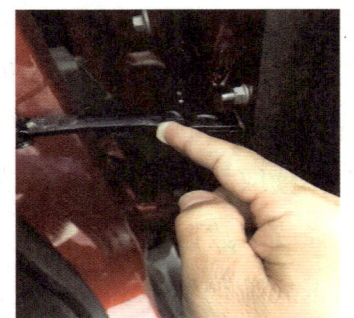

图 7-20　在车门铰链上涂抹润滑脂

（3）车窗升降清洁润滑

1）检查各车门车窗玻璃应匀速上升和下降，且没有异常声音，否则应清洁并润滑车窗玻璃导轨。

2）在玻璃导轨胶条上喷上车窗润滑剂，如图 7-21 所示。

3）多次操纵车窗玻璃上升和下降，如还无法匀速升降或有异常声音，说明玻璃升降器或电动机可能损坏。

图 7-21　喷车窗润滑剂

3. 车窗玻璃升降器拆装（丰田卡罗拉轿车）

（1）拆解

1）用内饰撬板撬下车窗玻璃开关盖板，如图 7-22 所示。

2）断开车窗玻璃开关线束插头，如图 7-23 所示。

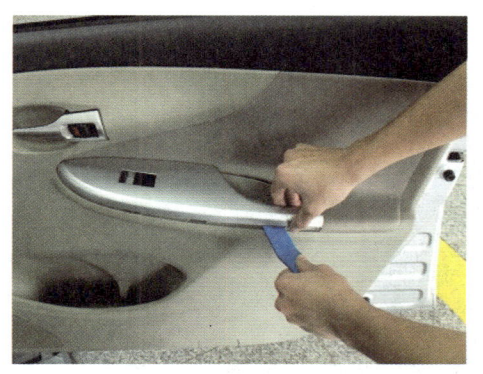

图 7-22　撬下车窗玻璃开关盖板

图 7-23　断开线束插头

3）拧下车门饰板的固定螺钉，如图 7-24 所示。

4）用内饰撬板撬下车门内拉手固定螺钉的装饰盖板，如图 7-25 所示。

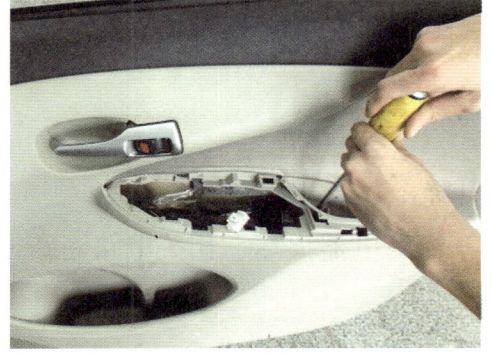

图 7-24　拧下固定螺钉

图 7-25　撬下装饰盖板

5）拧下车门内拉手固定螺钉，如图 7-26 所示。

6）用内饰撬板撬开车门饰板，如图 7-27 所示。

7）取下车门饰板，并断开车内拉手拉索，如图 7-28 所示。

图7-26 拧下车门内拉手固定螺钉

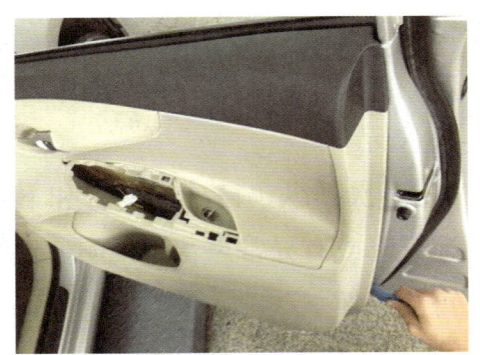

图7-27 撬开车门饰板

8)用合适工具拆下玻璃托架固定螺栓,并取下车窗玻璃。

9)用合适工具拧下玻璃升降器电动机的四个固定螺钉,并取下玻璃升降器,如图7-29所示。

图7-28 断开车内拉手拉索

图7-29 拧下玻璃升降器电动机固定螺钉

(2)安装 按拆解相反的顺序进行安装。

4. 电动车窗故障的检修(丰田车系)

电动车窗常见故障有所有车窗均不能升降、单个车窗不能升降或只能向一个方向运动、电动车窗有异响等。

(1)所有车窗均不能升降

1)故障现象。故障现象有所有车窗均不能升降。

2)故障原因。故障原因有熔丝断路、电动车窗继电器损坏、相关电路断路或接触不良、电动机损坏、总开关损坏。

3)检修思路:

① 检查熔丝是否断路;如断路,重新更换新的熔丝;如正常,进入下一步。

② 用万用表或试灯检查总开关上的电源线电压是否正常,如电压为零或试灯不亮,则应检查电动车窗继电器和电源电路是否正常;如正常,则应检查搭铁电路是否正常。如正常,则进入下一步。

任务七　舒适系统的检修

③ 对应图 7-30 所示开关位置图，用万用表检查总开关是否正常，如不正常，则更换总开关。

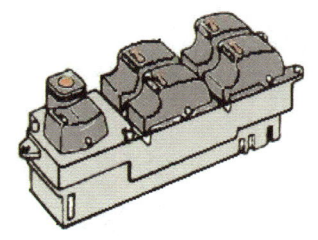

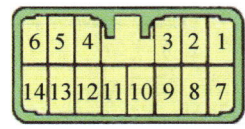

车窗运作		前				后							
		驾驶人侧			乘客侧			左			右		
端子 开关位置		6	2和1	13	8和7	5	2	12	8和7	2	14	11	8和7	2和1	10	9	8和7
车窗未锁	UP(升)																
	OFF(断)																
	DOWN(降)																
车窗锁上	UP(升)																
	OFF(断)																
	DOWN(降)																

图 7-30　车窗总开关的开关位置图

（2）单个车窗不能升降

1）故障现象。故障现象有单个车窗不能升降或只能向一个方向运动。

2）故障原因：

① 故障侧车窗开关损坏。

② 故障侧车窗开关电动机损坏。

③ 相关连接电路故障。

④ 总开关损坏。

3）检修思路：

① 拆下故障侧的车窗开关，并拔下线束插接器。

② 用万用表或试灯检查车窗开关的电源线电压是否正常；如不正常，则检查电源线的故障；如正常，则进入下一步。

③ 对应图 7-31 所示开关位置图，用万用表测量车窗开关是否正常，如不正常，则更换车窗开关；如正常，则进入下一步。

④ 拆下故障侧车门装饰板。

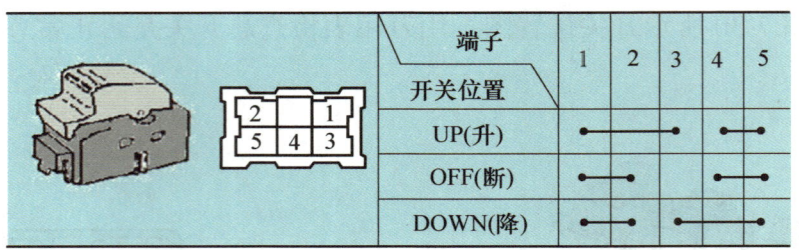

图 7-31 车窗分开关的开关位置图

⑤ 通电测试车窗电动机是否能够正转和反转,如图 7-32 所示;如不正常,则更换车窗电动机。

⑥ 对应开关位置图,用万用表检查总开关是否正常,如不正常,则更换总开关。

⑦ 用万用表测量相关电路是否断路或短路。

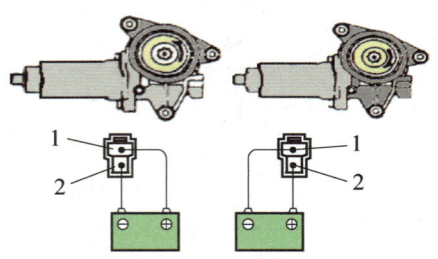

图 7-32 通电测试车窗电动机

任务七 舒适系统的检修

舒适系统的检修		工作任务单		班级：	
				姓名：	

1. 车辆信息记录

品牌		整车型号		生产年月	
发动机型号		发动机排量		行驶里程	
车辆识别代号					

2. 舒适系统功能检查

检查项目	检查情况	检查项目	检查情况
左前电动车窗升降检查	□正常　□异常	右后电动车窗升降检查	□正常　□异常
左后电动车窗升降检查	□正常　□异常	天窗滑动功能检查	□正常　□异常
右前电动车窗升降检查	□正常　□异常	天窗倾斜功能检查	□正常　□异常

3. 使用诊断仪读取舒适系统故障码及数据流

故障码	
清除后故障码	

项目名称	数据	项目名称	数据
左前电动车窗升降	□活动　□不活动	右后电动车窗升降	□活动　□不活动
左后电动车窗升降	□活动　□不活动	天窗滑动功能	□活动　□不活动
右前电动车窗升降	□活动　□不活动	天窗倾斜功能	□活动　□不活动

4. 故障检修

故障现象	
故障可能原因	
故障检查过程	
故障点确认	
维修措施	□维修　□调整　□更换

5. 车门车窗饰件维护

作业项目	记录	作业项目	记录
天窗排水孔清洁	□执行　□否	天窗导轨润滑	□执行　□否
车门铰链润滑	□执行　□否	车窗玻璃导轨润滑	□执行　□否

6. 查询维修手册

序号	部件名称	章节及页码	规格（公制）
1		第　　章　　页	
2		第　　章　　页	
3		第　　章　　页	

汽车车身与底盘电控系统检修

舒适系统的检修		实习日期：	
姓名：	班级：	学号：	导师签名：
自评：□熟练　□不熟练	互评：□熟练　□不熟练	师评：□合格　□不合格	
日期：	日期：	日期：	

舒适系统的检修【评分细则】

序号	评分项	得分条件	分值	评分要求	自评	互评	师评
1	安全/7S/态度	□1. 能进行工位 7S 操作 □2. 能进行设备和工具安全检查 □3. 能进行车辆安全防护操作 □4. 能进行工具清洁、校准、存放操作 □5. 能进行三不落地操作	15	未完成1项扣3分，扣分不得超过15分	□熟练 □不熟练	□熟练 □不熟练	□合格 □不合格
2	专业技能能力	作业 1 □1. 能正确检查各车窗升降功能 □2. 能正确检查天窗滑动与倾斜功能 作业 2 □1. 能正确读取故障码 □2. 能正确清除故障码并读取 □3. 能正确读取系统数据流 作业 3 □1. 能正确确认故障 □2. 能正确确认故障可能范围 □3. 能正确进行故障排查检修 □4. 能正确检修确认故障点 □5. 能正确判定维修措施 □6. 能正确清洁、润滑天窗 □7. 能正确检查润滑车门铰链 □8. 能正确检查润滑车窗导轨	50	未完成1项扣3分，扣分不得超过50分	□熟练 □不熟练	□熟练 □不熟练	□合格 □不合格
3	工具及设备的使用能力	□1. 能正确选用维修工具 □2. 能正确使用维修工具 □3. 能正确使用诊断仪 □4. 能正确使用万用表	10	未完成1项扣3分，扣分不得超过10分	□熟练 □不熟练	□熟练 □不熟练	□合格 □不合格
4	资料、信息查询能力	□1. 能正确使用维修手册查询资料 □2. 能正确记录查询资料章节及页码 □3. 能正确记录所需维修信息	10	未完成1项扣2分，扣分不得超过10分	□熟练 □不熟练	□熟练 □不熟练	□合格 □不合格
5	数据判断和分析能力	□1. 能判断天窗功能是否正常 □2. 能判断车窗升降功能是否正常 □3. 能判断/分析系统数据流 □4. 能判断/分析维修故障点	10	未完成1项扣3分，扣分不得超过10分	□熟练 □不熟练	□熟练 □不熟练	□合格 □不合格
6	表单填写报告的撰写能力	□1. 字迹清晰 □2. 语句通顺 □3. 无错别字 □4. 无涂改 □5. 无抄袭	5	未完成1项扣1分，扣分不得超过5分	□熟练 □不熟练	□熟练 □不熟练	□合格 □不合格

总分：

任务八
自适应巡航系统与车道保持辅助系统的检修

学习目标

知识目标：
1) 掌握自适应巡航系统的作用与组成。
2) 掌握自适应巡航系统的工作过程。

技能目标：
1) 会操纵自适应巡航系统开关。
2) 会拆装自适应巡航系统各部件。

素养目标：
1) 能够在工作过程中与小组其他成员合作、交流，培养团队合作意识，锻炼沟通能力。
2) 养成7S的工作习惯。
3) 养成服从管理、规范作业的良好工作习惯。

任务描述

一辆大众某轿车用户反映：自适应巡航功能无法正常使用，需要你对它进行检查，确定故障部位并进行修理。

相关知识

一、自适应巡航系统

1. 自适应巡航系统的概述

汽车自适应巡航系统，英文名叫作"Adaptive Cruise Control"，简称ACC，自适应巡航系统是在定速巡航控制系统的基础上发展起来的新一代汽车先进驾驶辅助系统。它将汽车定速巡航控制系统（Cruise Control System，CCS）和车辆前向撞击报警系统有机结合起来，既有定速巡航控制系统的全部功能，还可以通过车载雷达等传感器监测汽车前方道路交通环境的变化。如果发现当前行驶车道的前方有其他前行车辆不在自适应巡航系统计算机计算的安全距离范围内，自适应巡航系统计算机会将根据本车和前车之间的相对距离及相对速度、发动机转速等信息对车辆进行速度控制，使本车与前车保持安全距离行驶，这样可以避免事故发生，也提供了安全便捷的出行，这便是自适应巡航控制技术，如图 8-1 所示。

2. 自适应巡航系统的作用

自适应巡航系统开发的初衷就是缓解疲劳，提高驾驶安全和驾驶舒适度。自适应巡航也是自动驾驶前的初级功能，结合车道保持（LKA）、前向碰撞预警（FCW）、自动紧急制动（AEB）、变道辅助等系统，可以获得半自动驾驶的良好体验。自适应巡航不仅用于高速环境，其走走停停功能更能用于市区拥堵环境。

图 8-1 自适应巡航系统

当开启自适应巡航功用后如果车辆的前方无障碍物时，车辆按设定的速度巡航行驶；如果行驶车道的前方有其他车辆前行时，自适应巡航系统的控制单元将根据本车和前车之间的相对距离及相对速度等信息，通过与防抱死制动系统、发动机控制系统、自动变速器控制系统协调动作，对车辆行驶速度进行控制，使本车与前车始终保持安全距离行驶，由于减少了对加速踏板和制动踏板的操作，所以可明显提高驾驶舒适性。

3. 自适应巡航系统的组成

自适应巡航系统主要由毫米波雷达、自适应巡航系统操纵杆和舒适系统中央控制单元等组成，并通过数据总线与发动机控制单元、自动变速器控制单元、车身稳定控制系统控制单元和组合仪表等协同工作完成自适应巡航，如图 8-2 所示。

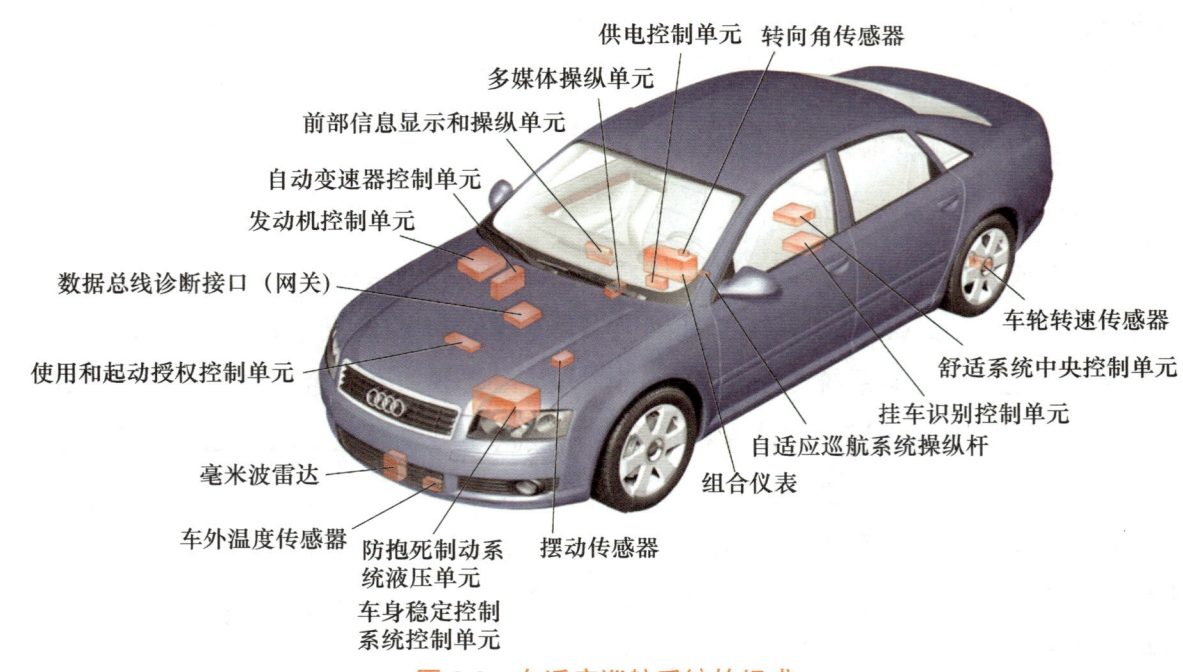

图 8-2 自适应巡航系统的组成

(1) 毫米波雷达的结构与工作过程

1）结构。毫米波雷达一般安装在前保险杠的中间位置，用于测量前车的距离，由车距调节传感器、车距调节控制单元、水平调节螺栓、垂直调节螺栓和支架等组成，如图8-3所示。

2）工作过程。雷达的基本原理就是物体表面会反射电磁波，反射回来的那部分电磁波就被当作一种"回声"而接收，根据"回声"的时间即可计算出距离。毫米波雷达内安装有发射器与接收器，发射信号和接收到反射信号所需要的时间取决于物体之

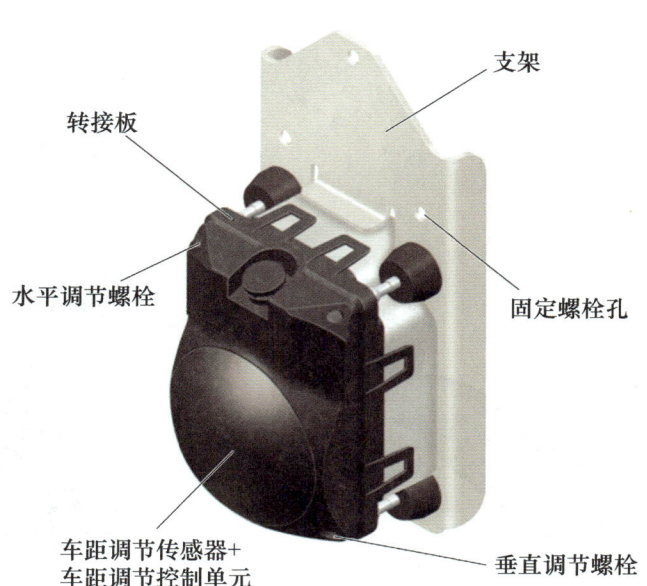

图8-3 毫米波雷达的组成

间的距离，如图8-4所示，b图中的距离是a图中的两倍，那么b图中反射信号到达接收器所需时间就是a图中的两倍，从而毫米波雷达内的车距调节控制单元可以计算出a图与b图中两车的距离。

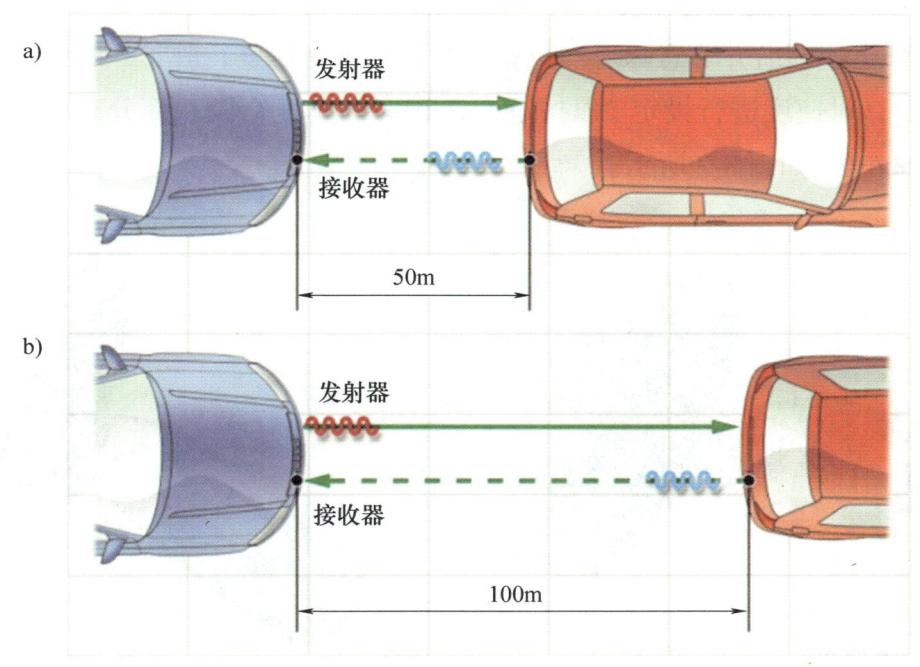

图8-4 毫米波雷达工作过程示意图

(2) 自适应巡航系统操纵开关　自适应巡航系统为了将驾驶人需求信息发送给控制单元，设置了较多的操纵开关，主要有操纵杆式与按键式，如图8-5所示。操纵杆式一般位于转向盘左侧下方，与灯光操纵杆并排安装。按键式一般位于多功能的转

向盘上，具体的按键有巡航开闭键、设置键、恢复键、取消键和速度调节键。

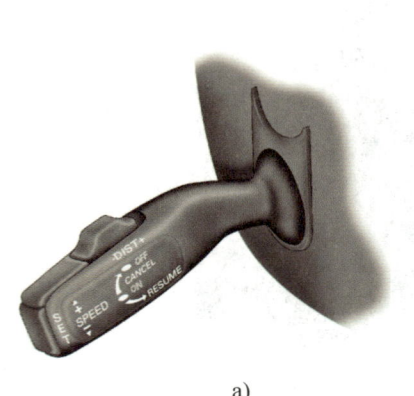

a)

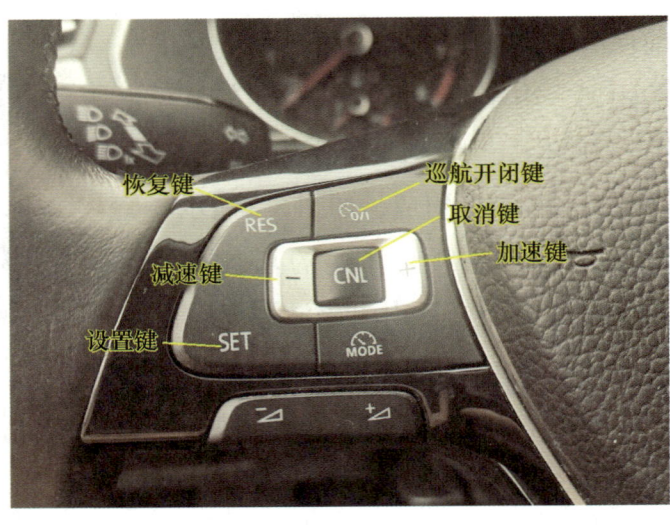

b)

图 8-5 自适应巡航系统操纵开关

a）操纵杆式　b）按键式

下面以操纵杆式为例介绍自适应巡航系统操纵开关的使用方法。

1）拨杆往里轻推一下是取消定速巡航，推到"OFF"是关闭定速巡航，往外拉动一下"RES"是恢复定速巡航，如图 8-6 所示。

2）打开定速巡航并非意味着汽车就能开始以固定速度行驶了，还要按下拨杆左侧的 SET 键，对速度进行设定（以按下 SET 键时的车速行驶，部分车型要求车速不能低于 30km/h），如图 8-7 所示。

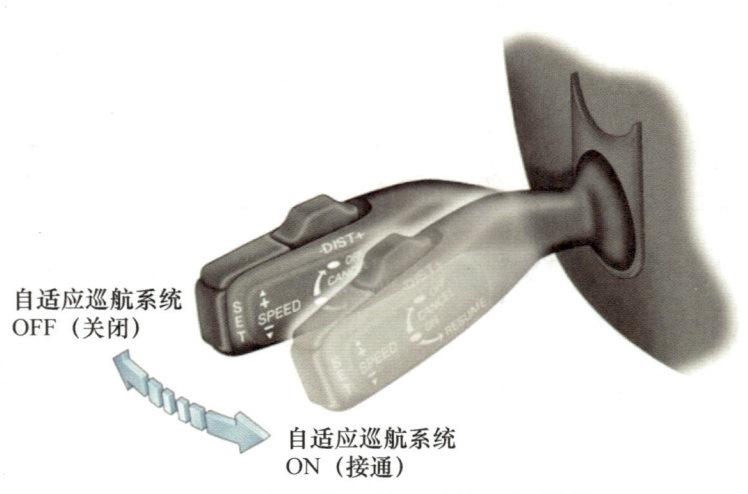

图 8-6 自适应巡航系统的开闭操纵

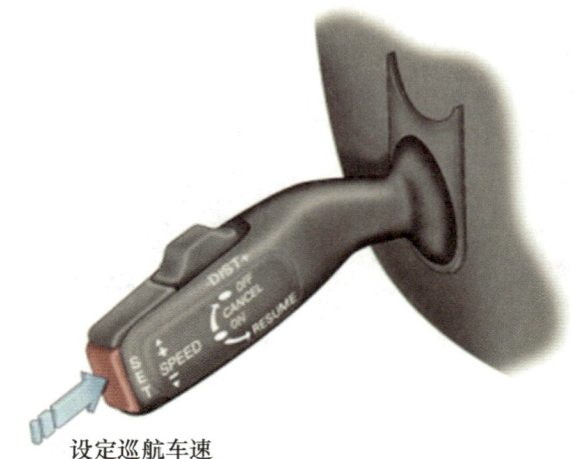

图 8-7 自适应巡航速度的设定

3）SPEED 按键为速度调节键，往上抬起加快速度，往下拨动减慢速度，如图 8-8 所示。

任务八 自适应巡航系统与车道保持辅助系统的检修

4）DIST 按键：代表跟车距离，左右拨动，可以调节与前车的距离，如图 8-9 所示。

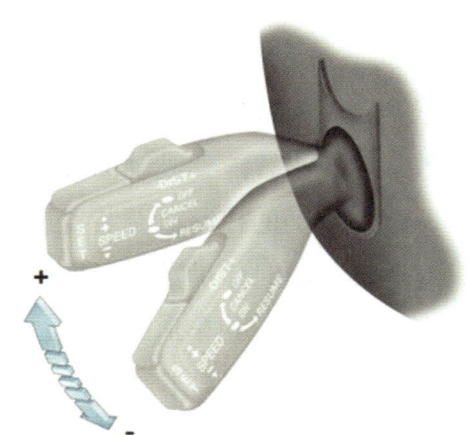

图 8-8 自适应巡航速度调节

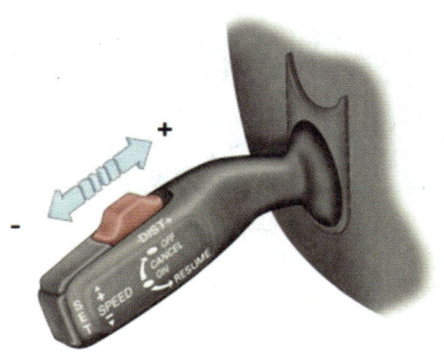

图 8-9 自适应巡航跟车距离调节

4. 自适应巡航系统的工作过程

驾驶人开启自适应巡航控制按钮后（此时仪表内的自适应巡航指示灯会点亮），系统开始工作。车辆前部的毫米波雷达检测车辆前方道路信息，轮速传感器收集当前的车辆行驶速度信息。当车辆前部的毫米波雷达没有检测到前方有车辆时，汽车按照驾驶人设定的速度行驶；当检测到前方出现车辆时，电子控制单元计算毫米波雷达得到的数据（综合测算两车的相对距离、相对速度），结合发动机控制单元、制动模块对车辆进行速度控制，保证车辆与前车保持安全距离，在此过程中，驾驶人无须操纵加速踏板，紧急情况下当驾驶人踩下制动踏板或按下 CANCEL 键时，暂时解除自适应巡航控制；紧急情况解除后，按下 RES 键，又会自动恢复以前设定的速度行驶。

二、车道保持辅助系统

1. 车道保持辅助系统的概述

车道保持辅助系统（Lane Keeping Assist Systems，LKAS），用于帮助驾驶人使车辆一直保持在规定的某个车道上行驶，不偏离车道。在前风窗玻璃内侧的上方，安装一个摄像头。摄像头能看清车道线，形成清晰的图像。在计算机的帮助下，通过一定算法判断出车辆是否在规定车道内，如果车辆行驶偏离（左右偏离）自己的车道，且没有打转向灯，系统首先会发出警示音提示，如驾驶人没有回应，车道保持辅助系统将通过电动式电控动力转向系统在转向盘上施加力矩，以帮助车辆回到正确的车道上。在这个过程中，如果驾驶人打转向灯或者大角度转动转向盘，则系统默认车辆由驾驶人接管而停止干预，如图 8-10 所示。

辅助车辆回正

图 8-10 车道保持辅助系统

2. 车道保持辅助系统的作用

驾驶人容易疲劳，注意力下降，甚至导致车辆偏离行驶车道。此时车道保持辅助系统就会通过修正力矩进行转向干预，纠正车辆行驶轨迹，降低风险系数。它属于智能驾驶辅助系统中的一种，会对制动的控制协调装置进行控制，对车辆行驶时借助数字摄像头实时记录车道，识别行驶车道的标识线，为将车辆保持在车道上提供支持。如果"车道保持辅助系统"识别到本车道两侧的标记线，那么系统处于待命状态。如果行驶时偏离了车道，这时驾驶人未及时做出反应，系统会根据偏移程度，通过修正力矩进行转向干预，纠正车辆的行驶轨迹，同时给驾驶人以提醒。

3. 车道保持辅助系统的操作

（1）车道保持辅助系统的启用条件　车速 ≥ 60km/h，且车道宽度为 2.8~4.4m；摄像头视野清晰；摄像头必须能够识别出道路边界。车道保持辅助功能激活后，车辆会自动行驶在两条车道线中间。

（2）开启车道保持功能的工作状态

1）前风窗玻璃上的全景摄像头会实时监控前方车道标志线，如图 8-11 所示。

图 8-11 全景摄像头实时监控

2）车内仪表显示工作状态，仪表会显示高亮的车道保持线。

3）当车辆行驶偏离车道后，仪表上对应的车道保持线就会变成黄色，如图 8-12 所示。

4）系统自动矫正（图 8-13），系统会通过单侧制动车辆或是矫正转向盘的方式进行自动矫正。

图 8-12 偏离预警

图 8-13 车道偏离矫正

5）正常变道（开启转向灯），车道保持辅助系统会识别到用户是有意识地主动变道，系统不会干涉变道。如果变道用户没有操作转向灯，那么车道保持辅助系统会判定为是无意识地主动变道，系统会对变道进行干预做出警示和提醒，严重情况会无法变道，如图 8-14 所示。

三、变道辅助系统

1. 变道辅助系统的概述

变道辅助系统也被叫作盲点辅助系统，变道辅助系统的研发也是为了更安全地驾驶车辆。用户在驾驶车辆往前直行的时候，车辆前方有车道保持辅助系统和巡航系统等辅助系统来兼顾车辆前方和侧面的安全。车辆的后方安全就需要变道辅助系统来做好监测和守护，设计师在车辆后保险杠上设计安装了雷达，后部雷达监测后方行驶车辆和用户车辆的距离，还能测算出后方车辆的车速。当用户要变道行驶的时候计算机会计算后方车辆是否会影响用户的安全，用户车辆的后视镜上会有警告灯提醒，车内也会有警示音提醒，如果驾驶人在变道时没有看到后方车辆的时候，变道辅助系统就能提供非常有用的安全警示，如图8-15所示。

图8-14　车道保持功能状态

图8-15　变道辅助系统示意图

2. 变道辅助系统的作用

在多车道的公路上行驶时，车祸通常是由于变道时没有注意到其他车辆而引发的，其中一部分就是因为变道不当而导致的。而变道辅助系统可以在危险发生前及时警告驾驶人，从而减少这类事故的发生。变道辅助系统借助雷达波束监控车辆旁边以及后方的行驶区域。如果在监控区域有车靠近，则通过相应侧后视镜上方的黄色指示灯闪烁提醒驾驶人，如果这时驾驶人试图变道，系统还会发出警示音，如图8-16和图8-17所示。

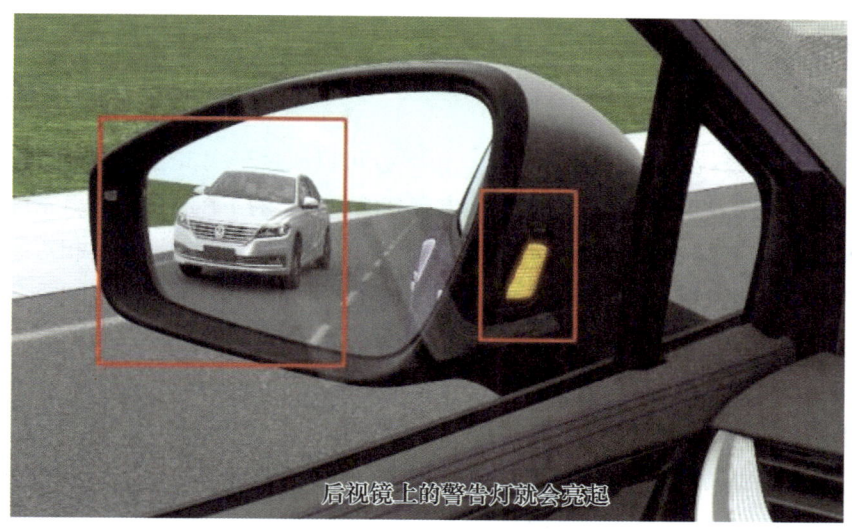

图 8-16　变道辅助系统警告灯

图 8-17　变道辅助系统振动提醒

自适应巡航系统与车道保持辅助系统的检修　　学习任务单

班级：
姓名：

1. 汽车自适应巡航系统，现在简称_____，可以通过车载雷达等传感器监测汽车前方道路交通环境的变化，如果发现当前行驶车道的前方有其他前行车辆不在自适应巡航系统计算机计算的安全距离范围内，自适应巡航系统计算机会将根据本车和前车之间的相对距离及相对速度、发动机转速等信息对车辆进行速度控制，使本车与前车保持安全距离行驶。

2. 当开启自适应巡航功用后如果车辆的前方无障碍物时，车辆按设定的速度_____行驶；如果行驶车道的前方有其他车辆前行时，自适应巡航系统的计算机控制单元将根据本车和前车之间的相对_____及相对_____等信息，通过与_____、_____、_____控制系统协调动作，减少了对_____踏板和_____踏板的操作，明显提高驾驶舒适性。

3. 写出下图中画线所指零件的名称：

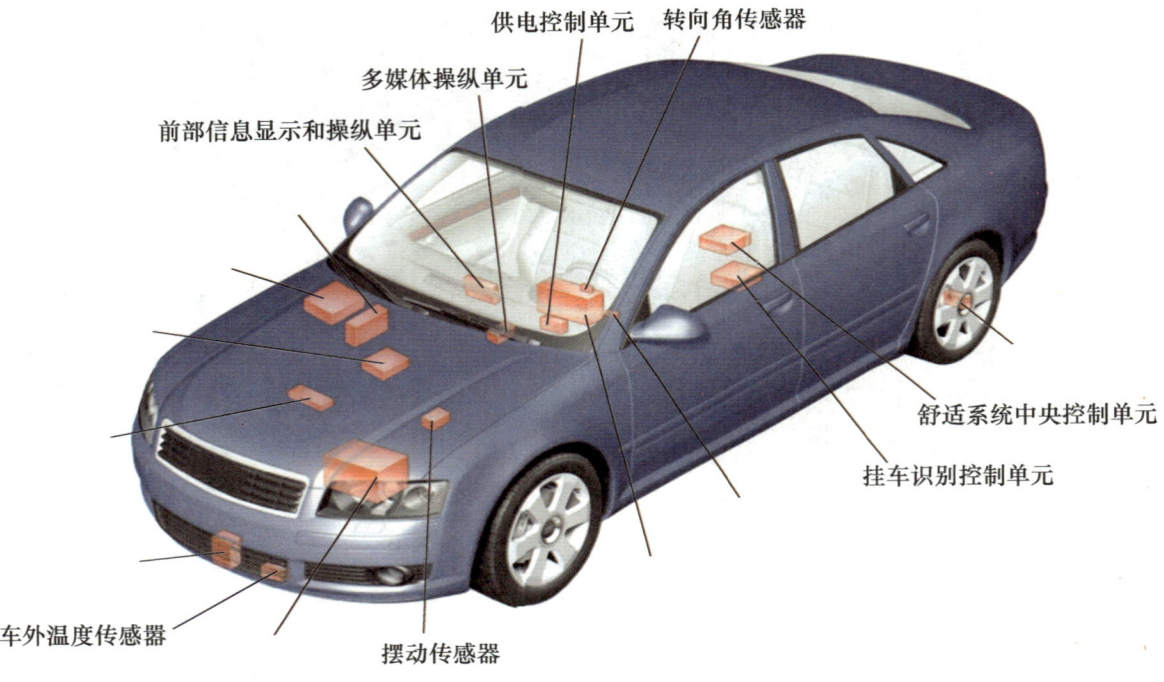

4. 毫米波雷达一般安装在_____位置，用于测量前车的_____，由车距调节传感器、车距调节控制单元、水平调节螺栓、垂直调节螺栓和支架等组成。它的基本原理就是物体表面会反射_____，反射回来的那部分电磁波就被当作一种"回声"而接收，根据"回声"的时间即可计算出距离。

5. 自适应巡航系统操纵开关主要有操纵杆式与按键式，具体的按键有巡航开闭键、_____键、恢复键、取消键和_____键。

6. 开启自适应巡航控制按钮后，车辆前部的_____检测车辆前方道路信息，轮速传感器收集当前的车辆行驶速度信息。当车辆前部的毫米波雷达没有检测到前方有车辆时，汽车按照驾驶人设定的速度行驶；当检测到前方出现车辆时，电子控制单元计算毫米波雷达得到的数据，结合发动机计算机、制动模块对车辆进行速度控制，保证车辆与前车保持安全距离，在此过程中，驾驶人无须操

任务八　自适应巡航系统与车道保持辅助系统的检修

纵加速踏板，紧急情况下当驾驶人踩下_____或按下 CANCEL 键时，暂时解除自适应巡航控制；紧急情况解除后，按下_____键，又会自动恢复以前设定的速度行驶。

7. 车道保持辅助系统用于帮助驾驶人使车辆一直保持在规定的某个车道上行驶，不偏离车道。在前风窗玻璃内侧的上方，安装一个_____。摄像头能看清车道线，形成清晰的图像。在计算机的帮助下，通过一定算法判断出车辆是否在规定车道内，如果车辆行驶_____自己的车道，且没有打转向灯，系统首先会发出警示音提示，如驾驶人没有回应，车道保持辅助系统将通过电动式电控动力转向系统在转向盘上施加力矩，以帮助车辆回到正确的车道上。

8. 变道辅助系统是在车辆后保险杠上设计安装了_____，当用户要变道行驶时，计算机会计算后方车辆是否会影响用户的安全，用户车辆的后视镜上会有_____提醒，车内也会有警示音提醒，如果驾驶人变道时没有看到后方车辆的时候，会提供非常有用的安全警示。

实训任务 自适应巡航系统与车道保持辅助系统的检修

一、实训器材
一汽大众 ID4 轿车、汽车故障诊断仪、万用表和常用工具等。

二、作业准备
检查举升机,车辆在工位停放周正,铺好车内护套。

三、操作步骤

1. 开启自适应巡航功能和设置

首先在车辆中将档位设置到 D 位或 B 位,再操纵转向盘左侧巡航开关,以完成自适应巡航功能开启。

1)档位调整到 D 位或是 B 位,如图 8-18 所示。

2)按下巡航按钮,如图 8-19 所示。

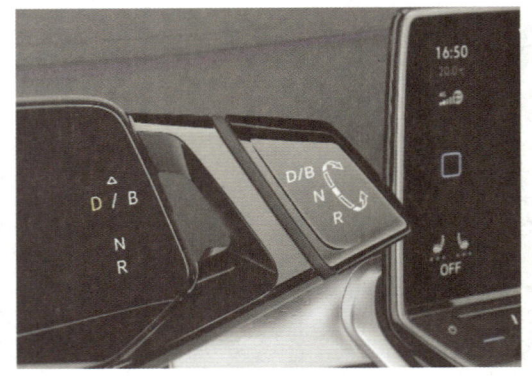

图 8-18 自适应巡航系统——仪表界面

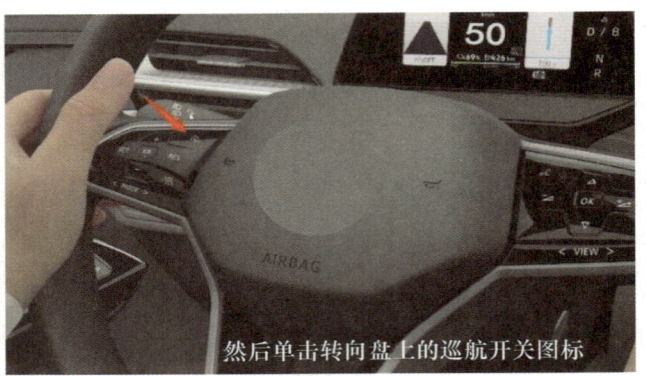

图 8-19 自适应巡航系统开关

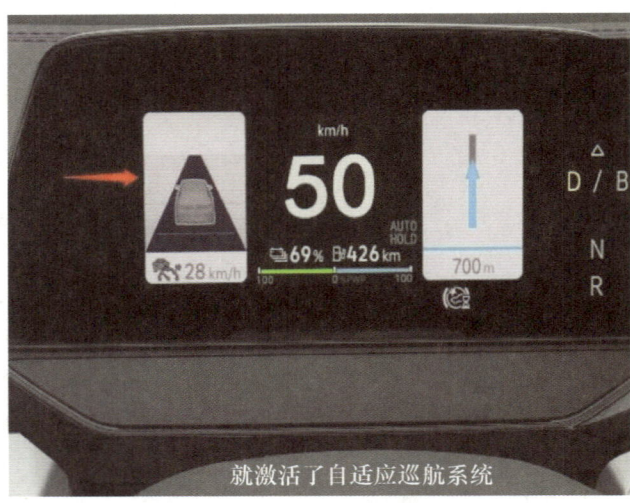

图 8-20 自适应巡航系统工作界面

3)自适应巡航激活,如图 8-20 所示。

4)巡航速度调整。为达到用户所需要的速度,短促触摸转向盘按钮的"+"和"-",系统会以 1km/h 的速度小幅调整,也可以用力按动转向盘按钮的"+"和"-",系统会以 10km/h 的速度进行调整,如图 8-21 所示。

短促触摸调节开关,系统会小幅调节巡航速度。

用力触摸会大幅调节,如图 8-22 所示。

达到用户所需要的速度后需要按动按钮 SET 完成设置车速,如图 8-23 所示。

任务八　自适应巡航系统与车道保持辅助系统的检修

图 8-21　自适应巡航系统调节示意图（一）

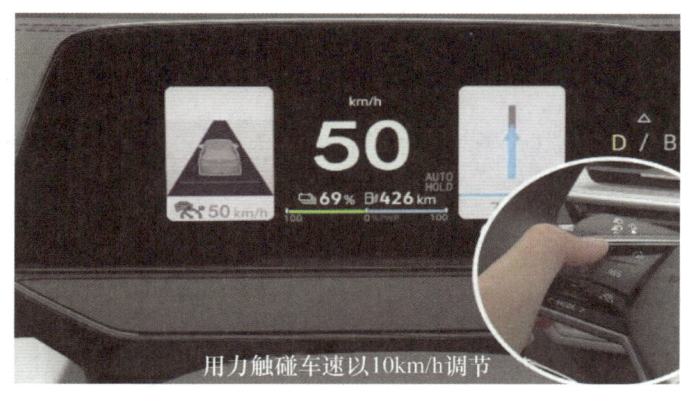

图 8-22　自适应巡航系统调节示意图（二）

> **注意事项**
>
> 进入巡航功能，车辆行驶车速需要在 20km/h 以上，如图 8-24 所示。

图 8-23　按压 SET 键完成设置

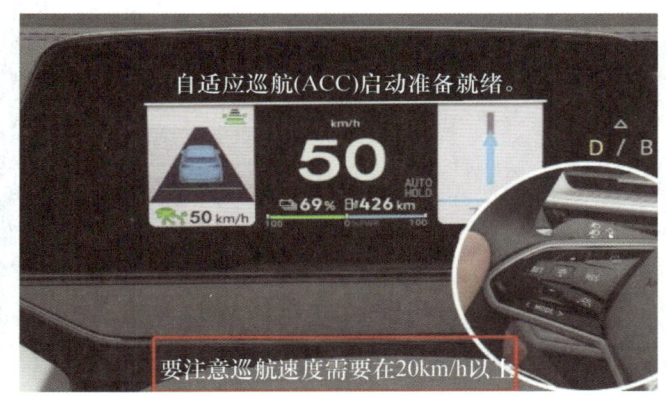

图 8-24　自适应巡航系统开启条件

5）设置与前车间隔距离。按动转向盘"+"和"–"中间的按钮，然后再按动"+"或"–"调节距离。如图 8-25 所示，显示距离前车 700m。

2. 关闭自适应巡航功能和恢复设置

情景一：临时关闭短促触摸巡航按键或轻踩制动踏板自动巡航会自动关闭。

1）短促触摸巡航开关键，如图 8-26 所示。

2）轻踩制动踏板，如图 8-27 所示。

图 8-25　自适应巡航系统调节开关

113

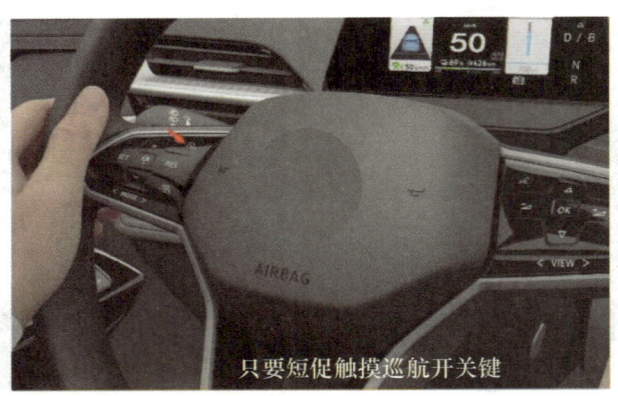

图 8-26　巡航开关键

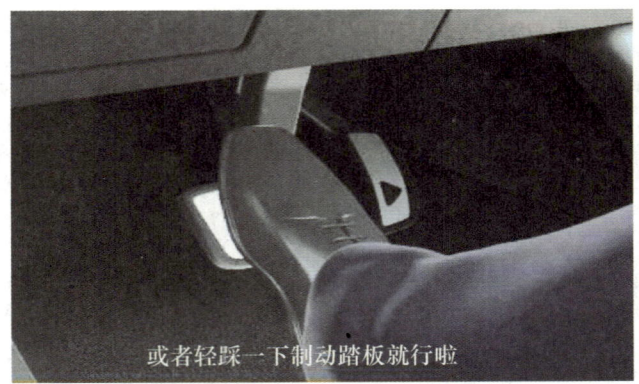

图 8-27　轻踩制动踏板

情景二：临时关闭后若还是需要恢复到退出前设置的速度和跟车距离。只需按动转向盘左侧键 RES 即可恢复。

1）按下恢复键 RES，如图 8-28 所示。

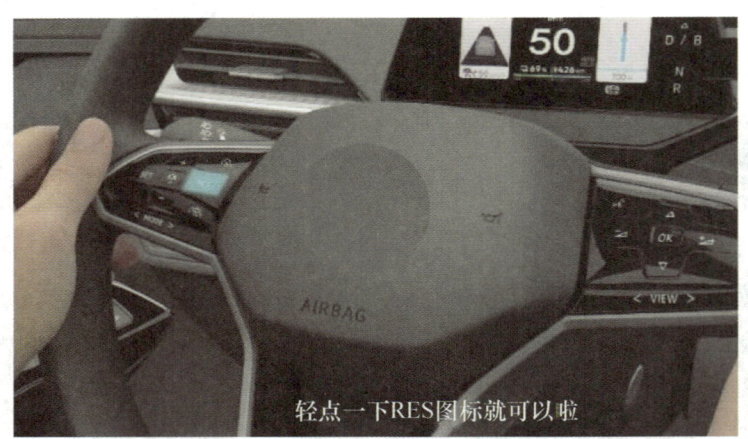

图 8-28　恢复键 RES

2）当需要完全关闭自动巡航功能，只需要按动巡航键，巡航就会关闭，如图 8-29 所示。

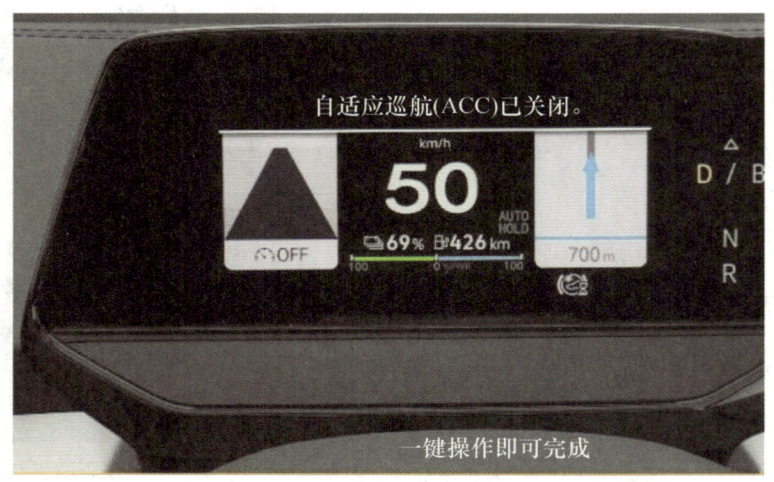

图 8-29　巡航系统界面显示

任务八　自适应巡航系统与车道保持辅助系统的检修

自适应巡航系统与车道保持辅助系统的检修	工作任务单	班级：
		姓名：

1. 车辆信息记录

品牌		整车型号		生产年月	
发动机型号		发动机排量		行驶里程	
车辆识别代号					

2. 故障诊断分析报告

项目	诊断记录
故障现象描述	

项目	诊断记录			
相关数据流分析	1）故障码读取及分析			
	故障灯	故障码	故障码说明	
	□点亮　□正常			
	2）故障码相关数据流读取及分析			
	序号	项目名称	数据	判定
	1			□异常　□正常
	2			□异常　□正常
	3			□异常　□正常

功能测试				
	1）巡航开启与速度调整			
	项目名称	条件	仪表显示	判定
	巡航开关	车速在20km/h以上时开启	□功能开启　□功能未开启	□异常　□正常
		巡航车速调整	□车速上调　□车速下调	□异常　□正常
	2）与前车车距调整			
	项目名称	条件	仪表显示	判定
	车距调整	巡航车距调整	□车距上调　□车距下调	□异常　□正常
	3）关闭自动巡航功能和恢复设置			
	项目名称	条件	仪表显示	判定
	巡航功能关闭	巡航开关	□功能关闭　□功能未关闭	□异常　□正常
		轻踩制动踏板	□功能关闭　□功能未关闭	□异常　□正常
	项目名称	条件	仪表显示	判定
	巡航参数恢复	RES开关	□参数恢复　□参数未恢复	□异常　□正常
	故障确认及分析：			

汽车车身与底盘电控系统检修

自适应巡航系统与车道保持辅助系统的检修			实习日期：				
姓名：		班级：		学号：		导师签名：	
自评：□熟练 □不熟练		互评：□熟练 □不熟练		师评：□合格 □不合格			
日期：		日期：		日期：			

自适应巡航系统与车道保持辅助系统的检修【评分细则】

序号	评分项	得分条件	分值	评分要求	自评	互评	师评
1	安全/7S/态度	□1. 能进行工位 7S 操作 □2. 能进行设备和工具安全检查 □3. 能进行车辆安全防护操作 □4. 能进行工具清洁、校准、存放操作 □5. 能进行三不落地操作	15	未完成1项扣3分，扣分不得超过15分	□熟练 □不熟练	□熟练 □不熟练	□合格 □不合格
2	专业技能能力	作业 1 □1. 能正确使用故障诊断仪 □2. 能正确读取故障码 □3. 能正确记录分析故障码 □4. 能正确读取系统相关数据流 □5. 能正确记录分析数据流 作业 2 □1. 能正确操作举升机 □2. 能正确将车辆举升到离地面 20cm 左右 □3. 能起动车辆并将车速控制在 20km/h 以上 □4. 能正确开启巡航开关功能 □5. 能正确检查巡航车速调整功能 □6. 能正确检查巡航车距调整功能 作业 3 □1. 能正确操作巡航开关检查巡航是否关闭 □2. 能正确轻踩制动踏板检查巡航是否关闭 □3. 能正确操作 RES 开关检查功能是否正常	50	未完成1项扣5分，扣分不得超过50分	□熟练 □不熟练	□熟练 □不熟练	□合格 □不合格
3	工具及设备的使用能力	□1. 能正确使用举升机 □2. 能正确操作车辆 □3. 能正确使用故障诊断仪	10	未完成1项扣3分，扣分不得超过10分	□熟练 □不熟练	□熟练 □不熟练	□合格 □不合格
4	资料、信息查询能力	□1. 能正确使用维修手册查询资料 □2. 能正确记录查询资料的章节及页码 □3. 能正确记录所需维修信息	10	未完成1项扣3分，扣分不得超过10分	□熟练 □不熟练	□熟练 □不熟练	□合格 □不合格
5	数据判断和分析能力	□1. 能分析系统故障码是否正常 □2. 能分析系统相关数据流是否正常 □3. 能分析巡航按键是否正常 □4. 能分析巡航功能是否正常	10	未完成1项扣3分，扣分不得超过10分	□熟练 □不熟练	□熟练 □不熟练	□合格 □不合格
6	表单填写报告的撰写能力	□1. 字迹清晰 □2. 语句通顺 □3. 无错别字 □4. 无涂改 □5. 无抄袭	5	未完成1项扣1分，扣分不得超过5分	□熟练 □不熟练	□熟练 □不熟练	□合格 □不合格
总分：							

任务九 汽车网络系统的检修

学习目标

知识目标：
1) 了解汽车网络系统的特点、类型与组成。
2) 掌握 CAN 数据传输原理。

技能目标：
1) 会熟练使用诊断仪分析网络系统部件。
2) 会排除 CAN 网络系统的简单故障。

素养目标：
1) 能够在工作过程中与小组其他成员合作、交流，培养团队合作意识，锻炼沟通能力。
2) 养成 7S 的工作习惯。
3) 养成服从管理、规范作业的良好工作习惯。

任务描述

一辆丰田某轿车用户反映：安全气囊与动力转向等系统使用异常，需要你对它进行检查，确定故障部位并进行修理。

相关知识

一、汽车网络的特点

随着科技的高速发展，汽车装备日趋完善，车用电气设备越来越多，从发动机控制到传动系统控制，从行驶、制动、转向系统控制到安全保证系统及仪表报警系统，从电源管理到为提高舒适性而做的各种努力，使汽车电气系统形成一个复杂的大系统，并且都集中在驾驶室控制。如果按照常规点到点间的布线法，则整个汽车的布线将十分复杂，显得很凌乱，如图 9-1 所示。尤其是在乘用车中，传统布线不仅增加了布线的复杂程度，而且布线所需的铜线也将成倍增加。

归纳起来，汽车网络具有以下特点：

1) 减少了线束的数量和占用空间，因而也就降低了线束的造价和减小了质量，提高了电子系统的可靠性，使之维修容易，安装简便。

2) 由于采用了通用传感器（如动力系统和传动系统共用车速传感器），通过网络进行数据通信，可以达到消除冗余传感器并实现数据共享的目的。

图 9-1　汽车的布线十分复杂

3）改善了汽车系统设计和配置的灵活性，即通过网络的软、硬件变化可以实现整车功能的变化和扩展，真正实现汽车各个装置的模块化。

4）使用网络将汽车各个电子控制单元连接起来，让汽车真正成为系统控制的整体对象，有利于汽车动力性、排放性、操纵性、经济性和安全性的改进和完善。

随着集成电路技术等的高速发展，汽车网络技术得到了迅速发展，并不断适应线控、光纤、蓝牙等技术在汽车上的应用。

目前，汽车网络系统广泛应用于车身系统、动力传动系统、安全系统、信息与娱乐系统等，如图 9-2 所示。典型的汽车网络系统如图 9-3 所示。

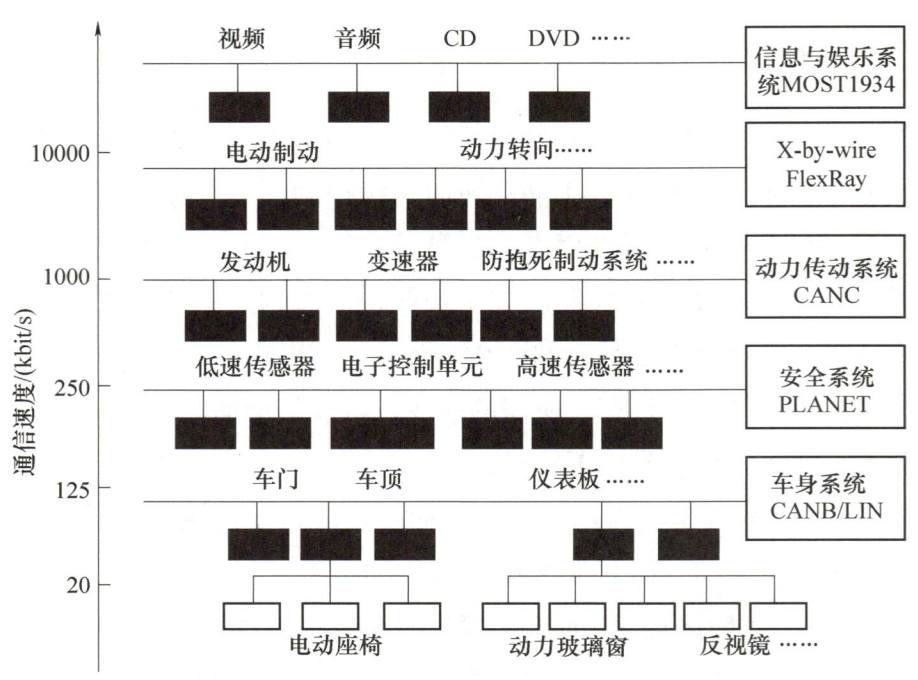

图 9-2　汽车网络系统的拓扑图

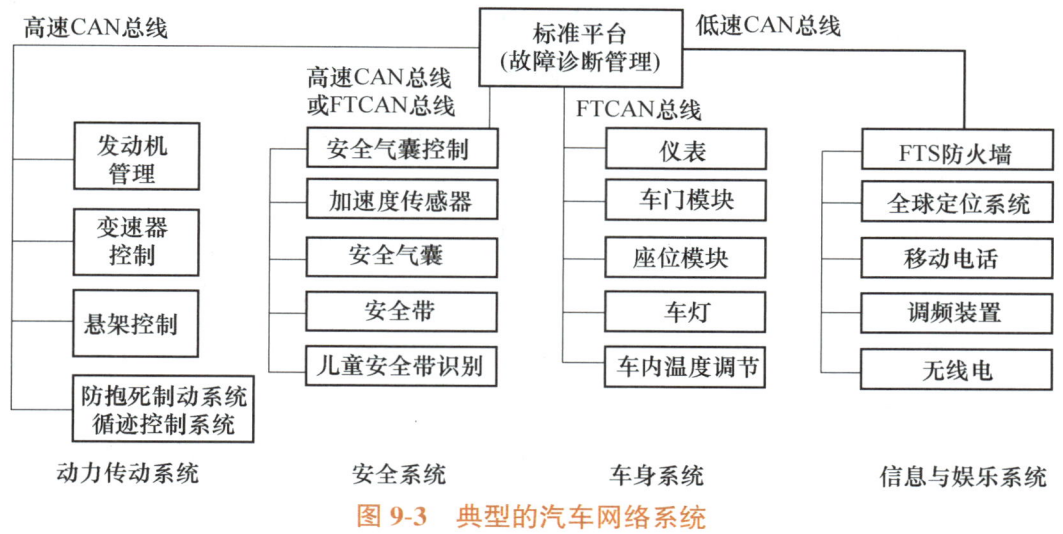

图 9-3 典型的汽车网络系统

二、汽车网络的类型

1. 按拓扑结构分类

拓扑是研究与大小、形状无关的线和面特性的方法。通常，把控制器抽象为点，把网络中的通信介质（如数据线）抽象为线，从而抽象出网络的拓扑结构。

按网络的拓扑结构不同，汽车网络主要有总线形、环形和星形等，如图9-4所示。

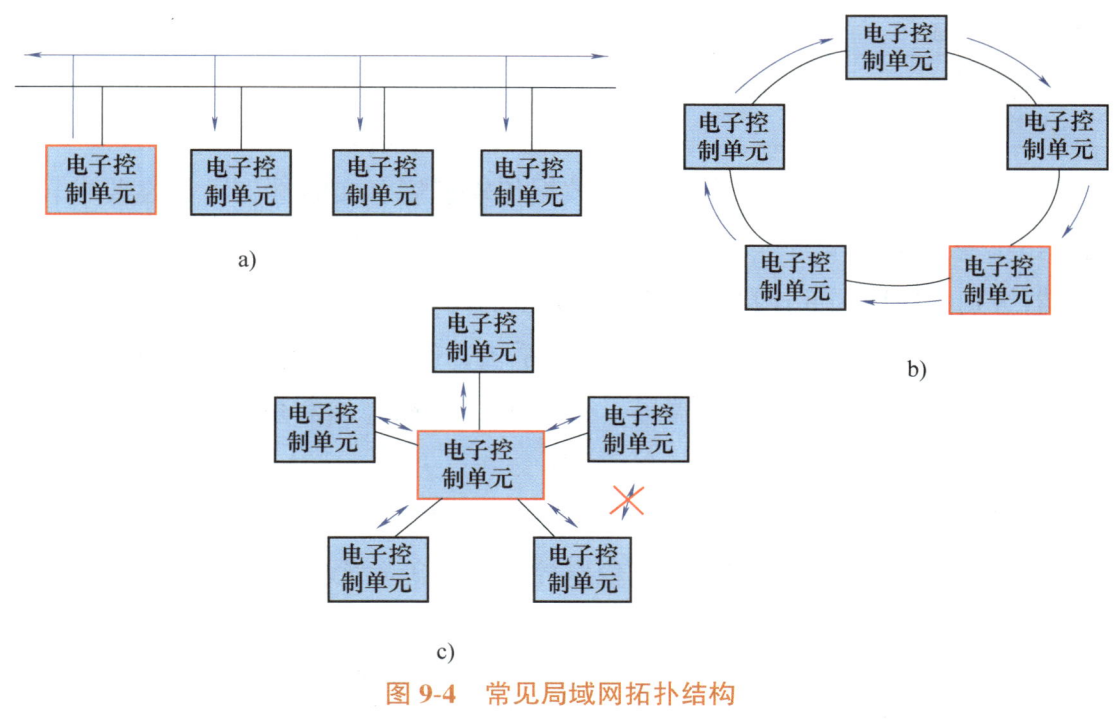

图 9-4 常见局域网拓扑结构

a）总线形 b）环形 c）星形

（1）总线形拓扑结构　总线形拓扑结构的网络将各个节点与一根总线相连，网络结构简单、灵活、可扩充性好、可靠性高、资源共享能力强。但由于同环形结构一样采用共享信道，因此需处理多站争用总线的问题。汽车上的网络多采用此种结构，如 CAN 网。

（2）环形拓扑结构　环形拓扑结构的网络中各节点通过一条首尾相连的通信链路连接而成一个闭合环形结构网，数据在环上流动。由于各节点共享环路，因此，需要采取措施（如令牌控制）来协调控制各节点的发送。其优点是无信道选择问题，缺点是不便于扩充，系统响应延时大，如多媒体网络。

（3）星形拓扑结构　星形拓扑结构的网络每个节点均以一条单独信道与中心节点相连，中心节点是通信控制中心。其优点是建网容易、控制简单；缺点是网络共享能力差、可靠性低，一旦中心节点出现故障，则会导致全网瘫痪。

2. 按传输速率分类

按数据传输速率不同，美国汽车工程师协会（SAE）将汽车网络划分为 A 类、B 类、C 类网络，见表 9-1。

表 9-1　美国汽车工程师协会汽车网络级别

特性	A 类网络	B 类网络	C 类网络
传输速率 /（kbit/s）	1~10	10~125	125~1000
信息传输延时 /ms	小于 50	小于 20	小于 5
时钟离散度要求（%）	20	2	0.01
传输介质（总线）	单线	单线	双绞线
信息优先权	有	有	有
容错能力	无	无	有

A 类网络主要应用于要求价格低，数据传输速度、实时性、可靠性要求较低的系统，如车身系统的车门、天窗、座椅、灯光等系统。A 类网络也作为一些传感器和执行器级别的底层局部连接总线使用，典型的网络类型是 LIN。

B 类网络用于数据传输速度要求较高的系统，包括一些车身控制系统（如安全气囊、空调、安全带、防盗、刮水器等）、仪表板以及故障诊断系统（OBD）等，典型的网络类型是低速 CAN。

C 类网络主要用于可靠性和实时性要求较高的系统，如高档的实时控制系统（如发动机、变速器、制动、悬架、车身稳定控制系统等）、线控系统（如线控制动、线控转向等），典型的网络类型是高速 CAN。

三类网络功能均向下涵盖，即 B 类网络支持 A 类网络的功能，C 类网络能同时实现 B 类和 A 类网络功能。

3. 按通信协议分类

按通信协议不同，汽车网络系统可分为 LIN 网、CAN 网、VAN 网、MOST 网等。

LIN 网是采用 LIN 协议建立的汽车网络系统，适应于智能传感器和执行器的低速通信网络。

CAN 网是根据 CAN 协议设计的汽车网络系统，由于 CAN 协议已被 ISO 颁布为国际标准，因此得到广泛应用。CAN 协议发展很快，既有高速 CAN 协议（如 ISO 11898、SAE J1939、SAE J2284），也有低速 CAN 协议（ISO 11519、SAE J2411、SLIO CAN），以及 CAN 网络。

VAN 网是采用 VAN 协议建立的汽车网络系统，主要有车身 VAN 网、舒适系统 VAN 网两种。

MOST 网是根据 MOST 协议建立的汽车网络系统，主要应用于汽车多媒体和通信的分布式网络。

4. 按应用系统分类

按应用系统不同，汽车网络系统大致可分为动力传动网络系统、车身网络系统、安全网络系统、信息与娱乐网络系统和故障诊断系统五种，如图 9-5 所示。

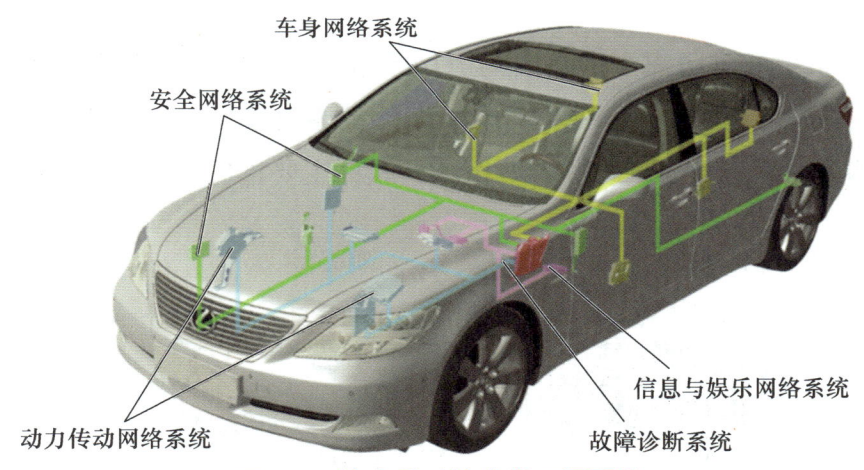

图 9-5　按应用系统分类不同网络

动力传动网络系统主要是将发动机、防抱死制动系统、自动变速器三个控制单元连接成一个网络，也可连接安全气囊、车身稳定控制系统、悬架组合仪表等控制单元。动力传动网络系统的受控对象直接关系汽车的行驶状态，对通信实时性有较高的要求，因此使用高速的总线连接动力传动网络系统。传感器组的各种状态信息可以通过广播的形式在高速总线上发布，各节点可以在统一时刻根据自己的需要获取信息。这种方式最大限度地提高了通信的实时性。动力传动网络系统属于高速网络，数据传递应尽可能快，以便及时利用数据，数据传输速率一般为 1Mbit/s。

车身网络系统主要将防盗、刮水器、天窗、车门、车灯、座椅等电子控制单元连接成一个网络。车身系统的电子控制单元多为低速电动机和开关量器件，对实时性要求低而数量众多，使用低速的总线连接这些电子控制单元。将这部分电子控制单元与汽车的驱动系统分开，有利于保证驱动系统通信的实时性。此外，采用低速总线还可增加传输距离、提高抗干扰能力以及降低硬件成本等。数据传输速率一般为100~125kbit/s。

安全网络系统主要是将安全气囊、安全带、加速度传感器、儿童安全带识别等电子控制单元连接为一个网络。对此系统的要求是成本低、通信速度快、通信可靠性高。

信息与娱乐网络系统将GPS、组合仪表、CD、车载电话、电视、收音机等电子控制单元连接为一个网络。信息与娱乐网络系统的容量大、通信速度非常快，通信速率一般在2Mbit/s以上。

故障诊断网络是专为车用故障诊断设备建立的通信网络系统，以用于汽车在线诊断或远程诊断。

三、汽车网络系统的组成

汽车网络系统要求可靠、廉价、与应用系统一体化、电路简单和实时性好，它主要由硬件或软件两大部分组成。其中，硬件主要由模块（通信节点）、传输介质、数据传输终端和网关等组成，如图9-6所示。软件主要指通信协议。

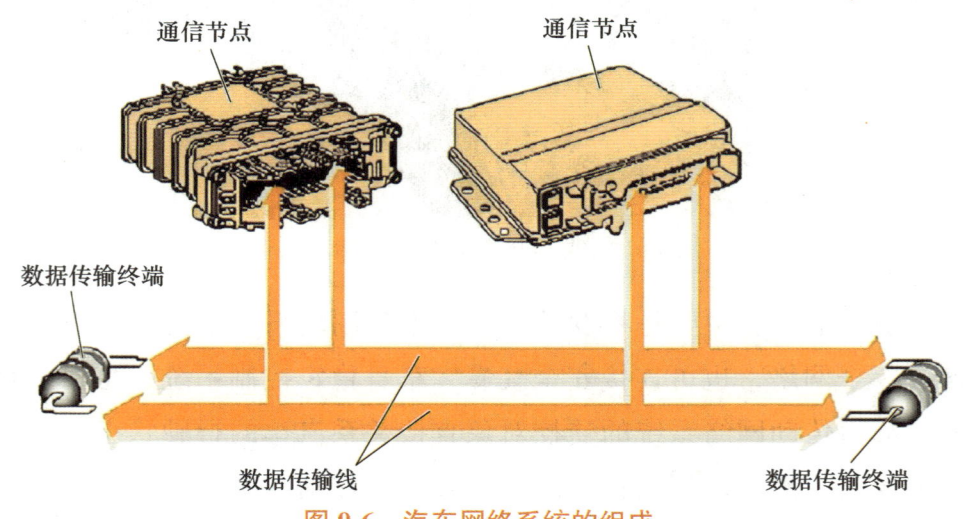

图9-6 汽车网络系统的组成

1. 模块

模块是探测信号和（或）进行信号处理的一种电子装置，通常是指电子控制单元、传感器和执行器。模块的功能是将信号发送至数据总线上，并接收来自数据总线上的信号。在汽车网络系统，通常将模块称为节点。

节点一般由微处理器、控制器和收发器（或电路接口）等组成，如图9-7所示。本文主要介绍模块中的控制器和收发器。

（1）控制器

1）控制器的功能。控制器位于模块的内部，安装在微处理器与收发器之间。控制器有以下两大功能：

① 接收模块中微处理器传来的数据，并对这些数据进行处理后，传送到收发器。

② 接收收发器从网络传来的数据，并对这些数据进行处理后，传给模块中的微处理器。

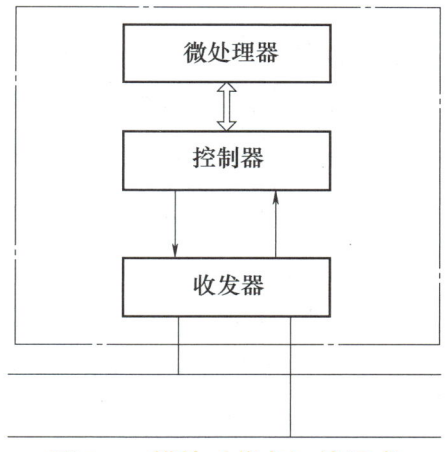

图9-7　模块（节点）的组成

2）控制器的类型。不同通信协议采用的控制器型号不同，但通常分为两大类，即独立控制器和单片控制器。

① 独立CAN控制器是指单一模块，不与电子控制单元的微处理器集成。使用起来比较灵活，可与多种类型的单片机进行接口组合。

② 单片控制器与电子控制单元微处理器集成为一体，它们在许多特定情况下，使电路设计简化和紧凑，效率提高。

（2）收发器

1）收发器的功能。收发器又称为驱动器或电路接口，收发器也位于模块的内部，安装在控制器与数据传输介质之间。收发器的功能主要有：

① 接收控制器传来的模块信号，并将其转化为电信号输送至数据传输介质。

② 接收数据传输介质传来的其他模块信号，并将其发送至控制器。

2）收发器的类型。收发器是提供控制器与物理介质（总线）之间的接口，是影响网络系统安全性、可靠性，电磁兼容性的主要因素。不同通信协议采用不同型号的收发器。

2. 传输介质

汽车网络系统的传输介质主要有双绞线、同轴电缆、光纤和无线介质等。

（1）双绞线　双绞线（TP）是综合布线工程中最常用的一种传输介质。双绞线由两根具有绝缘保护层的铜导线按一定密度互相绞在一起，这样可降低信号干扰的程度，每一根导线在传输中辐射的电波都会被另一根线上发出的电波抵消。双绞线既可以用于传输模拟信号，也可以用于传输数字信号。区域网中的双绞线在100kbit/s速率下的传输距离可达1km。双绞线根据是否具有屏蔽性分为非屏蔽双绞线（UTP）

和屏蔽双绞线（STP）两类，如图9-8所示。

屏蔽双绞线在非屏蔽双绞线外面再加上一个由金属丝纺织而成的屏蔽层，以提高其抗电磁干扰能力。屏蔽双绞线抗外界干扰的性能优于非屏蔽双绞线，但价格要比非屏蔽双绞线昂贵。相互缠绕的一对双绞线可作为一条信息通路。

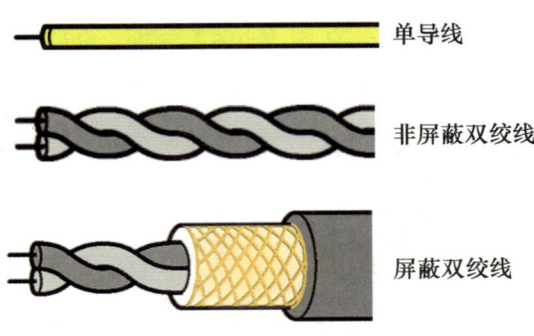

图9-8 双绞线

（2）同轴电缆　同轴电缆是由一根空心的圆柱形的外导体围绕单根内导体构成的。内导体为实心或多芯硬质铜线，外导体为硬金属或金属网。内导体和外导体之间由绝缘材料隔离，外导体外还有皮套或屏蔽物。有两种同轴电缆被广泛使用，一种是50Ω电缆，用于数字传输，由于多用于基带传输，又称为基带同轴电缆；另一种是75Ω电缆，用于模拟传输，一般用于电视信号的传输，称为宽带同轴电缆。

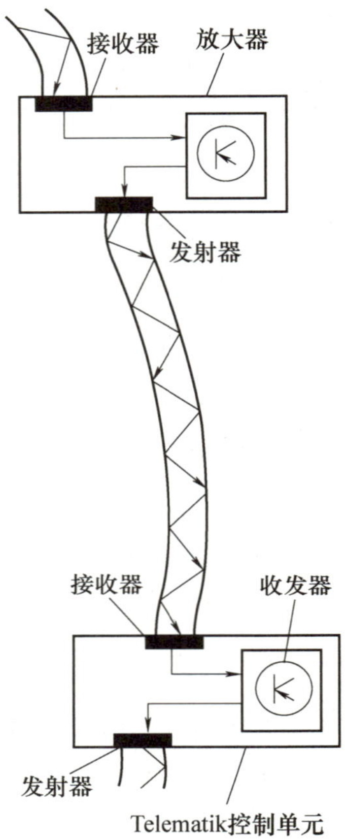

（3）光纤　光纤和同轴电缆相似，中心是光传播的玻璃纤芯。纤芯是采用超纯的熔融石英玻璃拉成的比人头发丝还细的芯线，它质地脆、易断裂。在多模光纤中，需要外加一保护层。纤芯外面包围着一层折射率比纤芯低的玻璃封套，以使光纤保持在纤芯内。再外面的是一层薄的塑料外套，用来保护封套，如图9-9所示。光纤不受电磁干扰或噪声影响，分为单模和多模。纤芯的直径是15~100μm，而单模光纤纤芯的直径为8~10μm。光纤通常被扎成束，外面有外壳保护。

图9-9 光纤的光波传输

光导纤维的任务是将在某一控制单元发射器内产生的光波传送到另一控制单元的接收器。

在发送端，可用发光二极管（LED）或激光二极管（LD）等光电转换器件把电信号转换成光信号，再耦合到光纤中进行传输；在接收端，通过光敏二极管（PIN）等器件进行逆变换，把光纤传来的光脉冲转换成电信号输出，如图9-10所示。

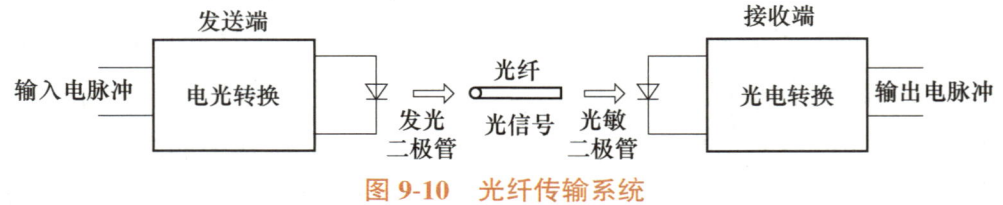

图9-10 光纤传输系统

光纤的特点：频带宽度较大和多路、尺寸小、重量轻；通过效率大、信号功率损失小、与频率的关系减弱；超高绝缘、不存在短路和搭铁问题；耐腐蚀、灵敏度高；抗干扰性能强；允许有较高的数据传输速率和较高的信噪比，适用于发动机实时控制、汽车状态监测和通/断负载的开关控制等。光纤多路传输系统是汽车多路传输系统的发展方向，是汽车线束的发展方向。

（4）无线介质　无线介质是指通过大气传输电磁波的三种技术，即微波、红外线和激光。这三种技术都需要在发送方和接收方之间有一条视线通路。

无线介质信号传输技术称为蓝牙（Bluetooth）技术。车载蓝牙系统的数据传输速度可达 1Mbit/s，传输频率为 2.40~2.48GHz，有效距离为 10m。

车载蓝牙系统主要应用于车载电话、CAN 网关、车载多媒体、驻车遥控等方面。

3. 数据传递终端

在数据总线的两个末端设有两个终端电阻，其目的是防止数据在终端被反射，并以回声的形式返回，数据在终端的反射会影响数据的传输。终端电阻的阻值为 120Ω，由两个 60Ω 电阻串联而成，中间还配备一个滤波电容器，如图 9-11 所示，其作用是在信号到达电路终端和发生折射时吸收噪波。

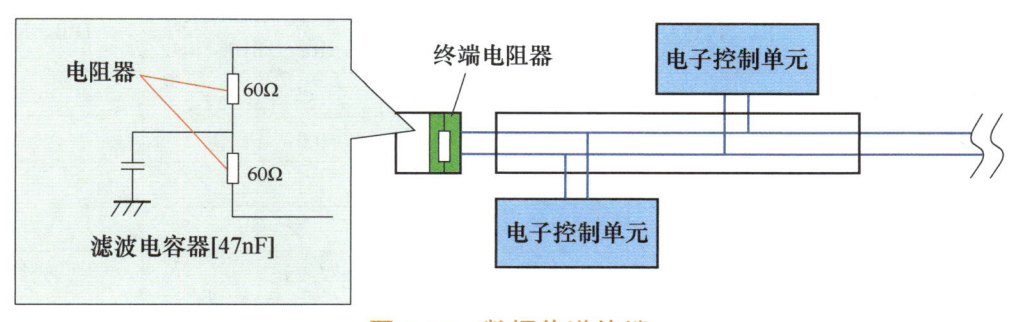

图 9-11　数据传递终端

4. 网关

网关是连接异型汽车网络的接口装置，其功能是将异型网络的通信协议进行翻译和解释，并进行无差错数据传输（即从第一个网络接收信息、翻译信息，向第二个网络发送信息）。

汽车网关主要是能在 OSI 参考模型的物理层、数据链路层和应用层上对双方不同的协议进行翻译和解释。

网关实际上就是一种模块，它工作的好坏决定了不同的总线、模块和网络相互间通信质量的好坏，如图 9-12 所示。

这是因为两个异型汽车网络，各自的电压电平和电阻配置不同，使网络之间无法耦合连接；各自的数据传输速率不同，无法使用另一个网络发送信号，所以，异型网络之间必须需要一个转换装置，来建立之间的相关连接。

5. 通信协议

（1）定义　通信协议是指通信双方控制信息交换规则的标准和约定的集合，即指数据在总线上传输的规则。在汽车上，要实现车内各控制单元的通信，必须制定规则，即通信方法、通信时间、通信内容，保证通信双方能互相配合，是通信双方能共同

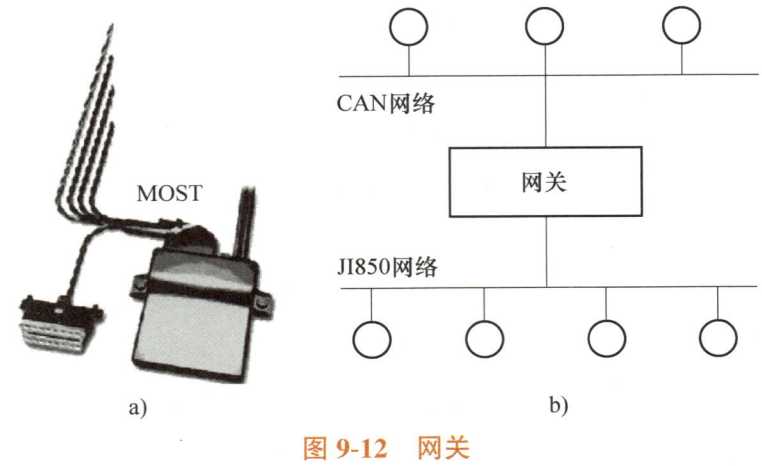

图 9-12　网关

a）外形　b）连接方式

遵守、可接受的一组规定和规则。

（2）类型　在汽车网络系统发展初期，汽车制造商根据自己的需要开发各自的汽车网络系统，因此出现了许多网络通信协议，见表 9-2。

表 9-2　几种典型 CAN 协议及其特性

类别	A 类网络	B 类网络	C 类网络	多媒体
主流协议	LIN、TTP/A	中速 CAN、J1850、VAN	高速 CAN（ISO 11898）、TTP/C、FlexRay、Byte-Flight	D^2B、MOST
信息传输延时 /ms	<50	<20	<5	<5
时钟离散度要求（%）	20	2	0.01	—
优先级	有	有	有	—
容错能力	无	无	有	有
介质	单线	单线	双绞线	光纤
应用场合	面向传感器、执行器的低速网络	独立模块间的信息传输	主要面向高速实时闭环控制系统	汽车音频视频系统

除了常用的 LIN、CAN、MOST 等汽车网络通信协议外，还有许多其他汽车网络通信协议，但应用较少。

1）LIN 协议。LIN 协议是 A 类汽车网络系统的首选，是用于汽车分布式电控系统的一种新型低成本串行通信系统，它是一种基于 UART 的数据格式、主从结构的单线 12V 的总线通信系统，主要用于智能传感器和执行器的串行通信，而这正是 CAN 总线的带宽和功能所不要求的部分。由于目前尚未建立低端多路通信的汽车标准，因此，LAN 正试图发展成为低成本串行通信的行业标准。

2）CAN 协议。CAN 总线是德国博世公司从 20 世纪 80 年代初为解决汽车中众多的控制与测试仪器之间的数据交换而开发的一种串行数据通信协议，它是一种多主总线，通信介质可以是双绞线、同轴电缆或光导纤维。通信速率可达 1Mbit/s。CAN

总线通信接口中集成了 CAN 协议的物理层和数据链路层功能,可完成对通信数据的成帧处理,包括位填充、数据块编码、循环冗余检验、优先级判别等项工作。CAN 协议的一个最大特点是废除了传统的站地址编码,而代之以对通信数据块进行编码,最多可标识 2048(2.0A)个或 5 亿(2.0B)多个数据块。采用这种方法的优点可使网络内的节点个数在理论上受限制。数据段长度最多为 8 个字节,不会占用总线时间过长,从而保证了通信的实时性。CAN 协议采用 CRC 检验并可提供相应的错误处理功能,保证了数据通信的可靠性。

3)MOST 协议。MOST 协议是一种专为媒体信息传送的协议,得到了广泛采用。MOST 网络可以不需要额外的主控计算机系统,结构灵活、性能可靠、易于扩展。MOST 网络光纤作为物理层的传输介质,可以连接视听设备、通信设备以及信息服务设备。MOST 网络支持"即插即用"的方式,在网络上可以随时添加和去除设备。MOST 具有以下基本特征:

① 支持多种网络连接方式。

② 使用 POF(Plastic Optical Fiber)优化信息传送质量。

③ 无论是否有主控计算机都可以工作。

④ 发送/接收器嵌有虚拟网络管理系统。

⑤ 支持数据的同步和异步传输。

⑥ 支持声音和压缩图像的实时处理。

⑦ 保证低成本的条件下,达到 24.8Mbit/s 的数据传输速度。

⑧ 提供 MOST 设备标准。

⑨ 方便简洁的应用系统界面。

四、CAN 网络系统

1. CAN 的基本特点

控制器局域网(Controller Area Network,CAN)是一种有效支持分布式控制或实时控制的串行通信网络。这种网络属于现场总线的范畴,可称为 CAN Bus(CAN 总线)。由于 CAN 能适用的通信速率可高达 1Mbit/s 的高速网络,又能适用于低成本的多线路网络,因此,可以廉价地在汽车的电气系统中应用。

美国汽车工程师协会按通信速率不同将 CAN 分为三个级别:高速 CAN,主要用于汽车动力传动控制系统和底盘控制系统;中速 CAN,主要用于车身系统;低速 CAN,主要用于汽车媒体系统控制及仪表显示系统。

CAN 主要具有以下特点:

(1)多主方式　CAN 为多主方式工作,网络上任一节点均可在任意时刻主动地

CAN 的认知

CAN 总线通信原理

向网络上其他节点发送信息，而不分主从，有极高的总线利用率。

(2) 数据传输方式灵活　CAN 节点只需通过报文的标识符滤波即可实现点对点、点对多点及全域广播等方式传送接收数据。

(3) 通信距离与速率高　CAN 的直接通信距离最远可达 10km（速率 5kbit/s 以下），通信速率最高可达 1Mbit/s（此时通信距离最长为 40m）。

(4) 节点数多　CAN 上的节点数主要取决于总线驱动电路，目前可达 110 个。在 CAN 2.0A 标准帧报文中标识符有 11 位，而在 CAN 2.0B 扩展帧报文中标识符有 29 位，使节点的个数几乎不受限制。

(5) 短帧结构　报文采用短帧结构，其传输时间短，受干扰概率低，保证了数据的出错率极低。

(6) 通信介质选择灵活　CAN 的通信介质可为双绞线、同轴电缆或光纤，选择灵活。

2. CAN 的基本组成

CAN 由控制器、收发器、数据传输终端以及两条数据传输线组成，如图 9-13 所示。除了数据传输线，其他元件都置于控制单元内部。

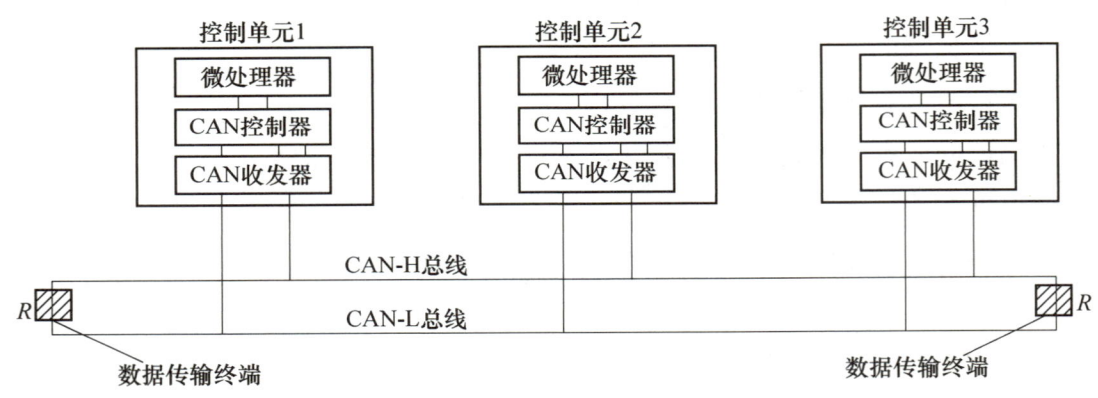

图 9-13　CAN 总线的组成

(1) CAN 控制器　CAN 控制器的作用是接收控制单元中微处理器传来的数据，对这些数据进行处理并将其传往 CAN 收发器。同样，CAN 控制器也接收由 CAN 收发器传来的数据，对这些数据进行处理并将其传往控制单元中的微处理器。

(2) CAN 收发器　CAN 收发器将 CAN 控制器传来的数据转化为电信号并将其送入数据传输线，它也为 CAN 控制器接收和转发数据。

(3) 数据传输终端　数据传输终端是一个电阻器，其作用是防止数据在终端被反射，并以回声的形式返回。数据在终端的反射会影响数据的传输。

(4) 数据传输线　数据传输线为双线，两条线分别称为 CAN 高线（H 总线）和 CAN 低线（L 总线）。为了防止外界电磁波的干扰和向外辐射，CAN 总线将两条线缠绕在一起（双绞线）。

3. CAN 的信号传递

（1）**传递介质** 控制单元之间的连接线应为屏蔽双绞线，其中，信号的名称分别是 CAN-H 和 CAN-L，两信号线之间应有 120Ω 的电阻，控制单元对应端子也分别表示为 CAN-H 和 CAN-L。

（2）**差动电压** CAN 通信的传输在物理层面都是靠电压高低区分来实现的，CAN 总线使用双绞线进行差分电压传输，两条信号线被称为 CAN 高（CAN-H）和 CAN 低（CAN-L），如图 9-14 所示。两条线静态时均为 2.5V 左右，此时状态表示为逻辑 1，也被称作隐性。当两条线电压值出现差异时，通常 CAN-H=3.5V 和 CAN-L=1.5V，此时状态表示为逻辑 0，也称作显性。即差分电压 CAN-diff=0，表示逻辑"1"，为隐性；差分电压 CAN-diff = 2V，表示逻辑"0"，为显性。

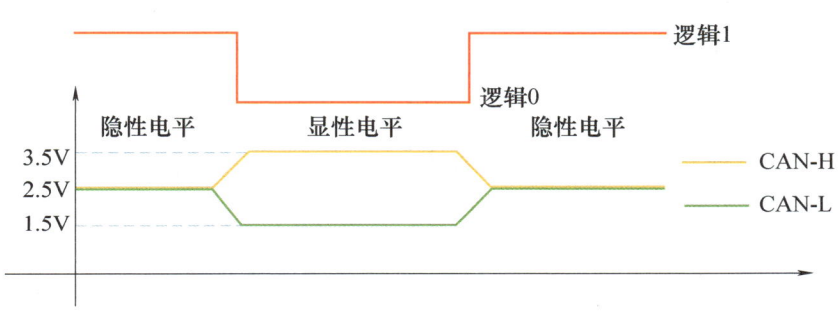

图 9-14 CAN 总线波形

（3）**总线级别** 总线有显性和隐性两种逻辑状态（两种位电平）。"显性"（Dominant）数值表示逻辑 0，而"隐性"（Recessive）数值表示逻辑 1。"隐性"状态下，CAN-H 和 CAN-L 被固定于平均电压电平，U_{diff} 近似为 0。"显性"状态下，U_{diff} 以大于最小阈值的差分电压表示，如图 9-15 所示。

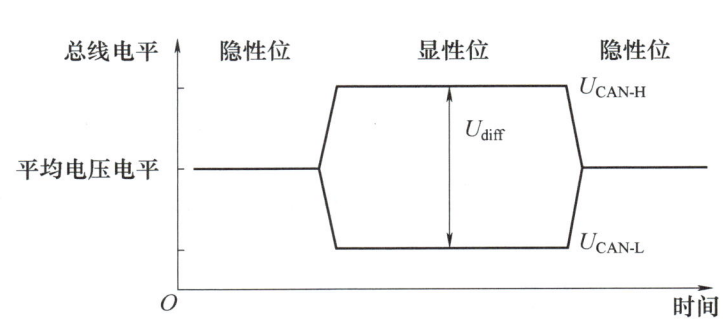

图 9-15 总线位的数值表示

通过总线传输的报文采用不归零（Non-Return-to-zero）编码方法，这意味着一个完整位的位电平要么是"显性"（逻辑 0），要么是"隐性"（逻辑 1）。当总线上的 CAN 控制器发送的位都是隐性位时，此时总线状态是隐性；如果总线上有显性位出现，隐性位总是让位于显性位，即总线此时处于显性位状态。

（4）**拓扑** 网络的线路拓扑应尽可能地近似于线性结构。

（5）**终结电阻** 总线在每一个终点都以记为 R_L 的终结电阻而结束。终结电阻应该连接在 CAN-H 和 CAN-L 之间，以保证 CAN-H 和 CAN-L 导线的正确终止。

(6) 位时间 位时间即比特时间 t_B，是一位的持续时间。在位时间内作用的总线管理功能，如电控单元同步作用，网络传输延迟补偿，以及采样点位置确定，是由 CAN 模块的可编程位时间逻辑门综合控制电路确定的。

一位的位时间可以分为四部分，即同步段、传播段、相位缓冲段 1 和相位缓冲段 2，如图 9-16 所示。

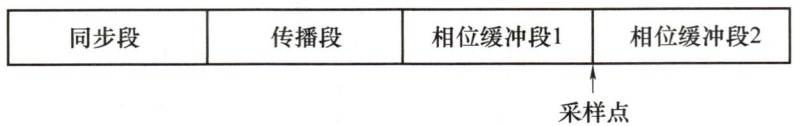

图 9-16 位时间的组成

1) 同步段：用来使总线上的不同电控单元实现同步。

2) 传播段：用来在网络中补偿物理延迟时间。它是由总线的传输时间和电控单元的内部延迟时间引起的。

3) 相位缓冲段 1 和相位缓冲段 2：用来补偿相位误差，它可以通过再次同步来延长或缩短。

4) 采样点：采样点是一个时点，在此点上仲裁位电平被解读，并被理解为各位的数值，位于相位缓冲段 1 的终点（相位缓冲段 2 的起点）。

(7) 同步规则 同步包括重同步和硬同步两种，均应遵循下列规则：

1) 在一个位时间内仅允许一种同步。

2) 如果在先前的采样点测得的总线值不同于紧随跳变沿之后的总线值，则执行一次硬同步。

3) 在总线空闲期间，当存在一个隐性位至显性位的跳变沿时，则执行一次硬同步。

4) 所有履行以上规则 1) 和 2) 的其他隐性位到显性位的跳变沿都将被用于重同步。例外情况是，如果是跳变沿位于采样点之前，且隐性位到显性位的跳变沿被应用于重同步，发送显性位的节点将不执行重同步。

(8) 总线故障 总线故障影响通信的正常进行，常见故障如下：

1) 失去和网络的联系。如果一个节点失去和网络的联系，其他的节点将继续保持通信。

2) 节点电源或搭铁损坏。如果一个节点失去供电或在低电压条件下，网络不会过载，其他节点将继续保持通信。如果一个节点失去搭铁，网络将不会发生中断，其他的节点仍会保持通信。

3) 断开屏蔽。如果在一个节点断开屏蔽，通信是可能的，但电磁干扰将增加。通常将在屏蔽和电路之间存在模式电压。

4）断路、短路故障。原则上，如果有一重大的报文破坏速率出现，则此故障应该是可发现的。

五、CAN 的信息帧

信息帧用于实现 CAN 数据链路层各子层的功能。帧是一种将原始数据分割成一定长度的数据片，即数据传输的单元，以便更可靠地传输数据。CAN 总线所传输的信息帧有数据帧、远程帧、错误帧和超载帧四种类型。

1. 数据帧

数据帧的功能是将数据从发送器传到接收器。数据帧有标准帧和扩展帧两种，均由起始域、仲裁域、控制域、数据域、安全域、应答域、结束域七个不同的域组成，如图 9-17 所示。

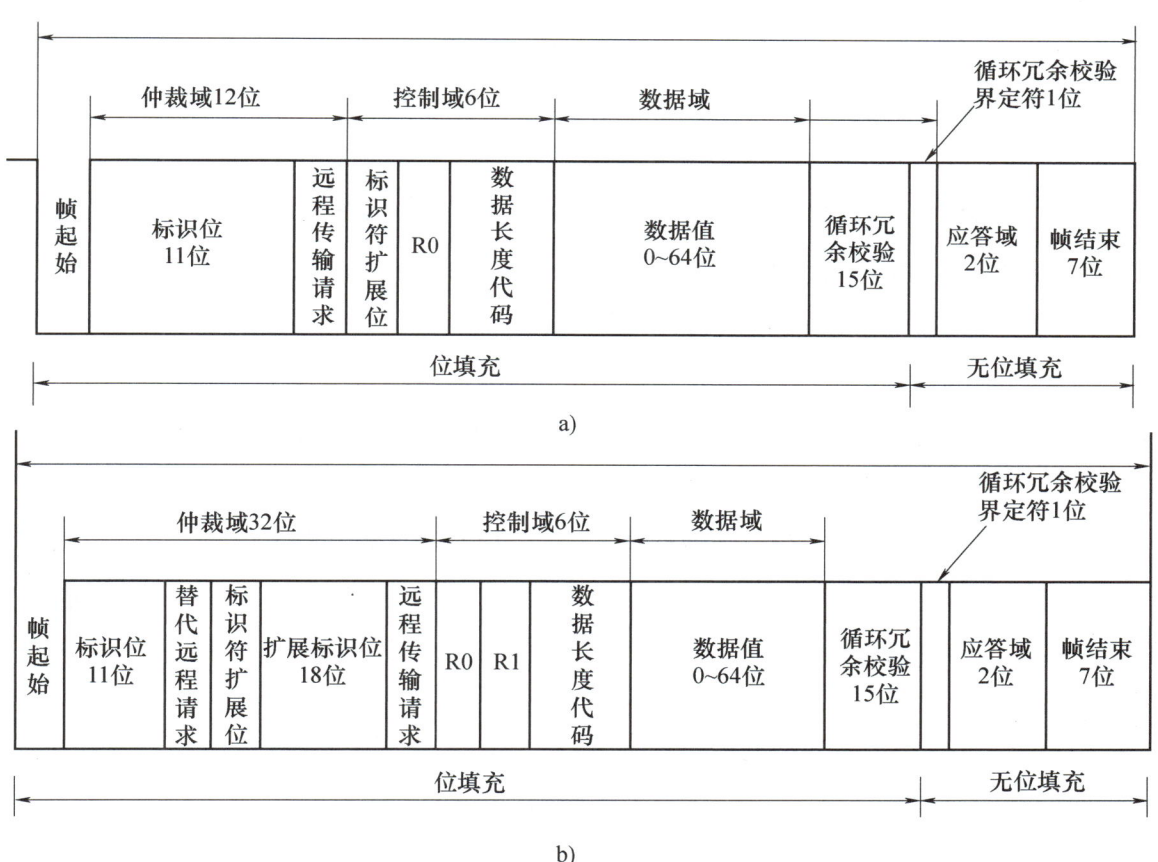

图 9-17　CAN 数据帧的组成
a）标准帧　b）扩展帧

（1）起始域　起始域标志数据帧或远程帧的起始，仅由一个"显性"位组成（即 0），带有约 5V 的电压（系统决定）的 1 位被送入 CAN 高位传输线，带有约 0 电压的 1 位被送入 CAN 低速传输线。

（2）仲裁域　仲裁域根据识别符判定数据中的优先权。标准格式下识别符长度为 11 位，这些位按 ID-7~ID-0 的顺序发送，最低位是 ID-0。7 个最高位（ID-10~ID-4）不能全是"隐性"。在标准帧里，识别符后是远程发送请求位，该位若为"显性"（即"0"），代表发送的信息是数据；若为"隐性"（即"1"）代表发送的信息是数据请求。只要总线空闲，各控制单元均可向总线发送数据，如果各个控制单元要同时发送各自的数据，那么系统必须决定哪一个控制单元先进行发送。具有最高优先权的数据先发送，标识符的二进制值越小，其优先权就越高。

例如，发动机控制单元、防抱死制动系统控制单元、自动变速器控制单元同时向总线发送数据时，三者仲裁域的标识符分别为 010 1000 0000、001 1010 0000、100 0100 0000（程序中设置好的），由于防抱死制动系统控制单元的标识符最小，系统就先发送防抱死制动系统控制单元发送的数据。此时，发动机控制单元和自动变速器控制单元转化为接收器接收数据。总线一旦空闲，系统会接下来发送其他的数据。但要注意，在数据被成功接收之前仍要争取仲裁，即总线发送数据是根据各控制单元的优先权决定的，而不是按请求发送的时间先后来决定的。

（3）控制域　控制域显示在数字域中所包含的数据和长度代码，用于接收器检查是否已经接收到所传来的所有信息。控制域由 6 个位组成，包括数据长度代码和两个将来作为扩展用的保留位。所发送的保留位必须为"显性"。接收器接收所有由"显性"和"隐性"组合在一起的位。数据长度代码为 4 个位，指示了数据域中字节的数量。

由于数据帧允许的数据字节数为 0~8，所以数据长度最多为 8。

（4）数据域　数据域由数据帧发送的数据组成，可以为 0~8 个字节，每字节包含了 8 个位（最大为 64 个位）。该数据可以代表实际的数据，也可以是一个数据请求，如果是数据请求，就没有数据字节随从，控制域中的数据长度代码就不会与数据字节有直接关系。那么，数据域是如何表示数据的呢？例如要表达节气门开度信号，系统可以用 2 个位表示 4 个节气门开度位置，也可以用 3 个位表示 8 个节气门开度位置。

同理，可用 8 位数表示 256 个节气门开度位置。如果 1 个字节不够表示，可以用 2 个字节或多个字节表示，但不超过 8 个字节，即不超过 64 位。

（5）安全域　安全域检测传递数据中的错误。CAN 系统用于电噪声很大的环境，这个环境中的数据最容易丢失或破坏。CAN 协议提供了五种错误检测和修正的方法，因此如果数据被破坏，它能够检测出来，而且网络中所有的电控单元都会忽略这个数据。这五种错误检测类型分别为位错误、填充错误、CRC 错误、形式错误、应答错误。

1）位错误。各控制单元在发送位的同时也对总线进行监视。如果所发送的位值与所监视的位值不相符合，则在此位时间里检测到一个位错误。但是在仲裁域的填充位流期间或应答间隙发送一"隐性"位的情况是例外的——此时，当监视到一"显性"位时，不会发出位错误。当发送器发送一个被动错误标志，但检测到"显性"位时，也不视为位错误。

2）填充错误。如果在使用位填充法进行编码的信息中，出现了第6个连续相同的位电平时，将检测到一个填充错误。

3）CRC错误。ERE序列包括发送器的CRC计算结果，接收器计算CRC的方法与发送器相同。如果接收器的计算结果与接收到CRC序列的结果不相符，则检测到一个CRC错误。

4）形式错误。当一个固定形式的域含有一个或多个非法位，则检测到一个形式错误。

5）应答错误。只要在应答间隙期间所监视的位不为"显性"，则发送器会检测到一个应答错误。

（6）应答域　在应答域中接收器通知发送器已经正确接收到数据。如果检查到错误，接收器立即通知发送器，发送器然后再发送一次数据，直到该数据被准确接收为止，但从检测到错误到下一数据的传送开始为止，发送时间最多为29个位的时间。应答域长度为2个位，包含应答间隙和应答界定符，常态下发送两个"隐性"位。当接收器正确地接收到有效的数据，接收器就会在应答间隙期间内向发送器发送一"显性"的位以后应答，而应答界定符始终是"隐性"位。

（7）结束域　结束域标志着数据报告结束，由7个"隐性"位组成，这里是显示错误并重复发送数据的最后一次机会。

2. 远程帧

远程帧的功能是将数据请求从发送器传到接收器。通过发送远程帧，作为某数据接收器的控制单元会对不同的数据传送进行初始化设置。

远程帧由起始域、仲裁域、控制域、安全域、应答域、结束域六个不同的域组成，如图9-18所示。与数据帧相反，远程帧的远程发送请求位（RTR位）是"隐性"的（即"1"），它没有数据域，数据长度代码的数值是部首制约的（可以标注为容许范围里0~8的任何数值），其余域功能同数据帧。

3. 错误帧

错误帧的功能是可以对所发送的数据进行错误监测、错误标定和错误自控。错误帧由两个不同的域组成，第一个域来自控制器的错误标志，第二个域为错误界定符，如图9-19所示。

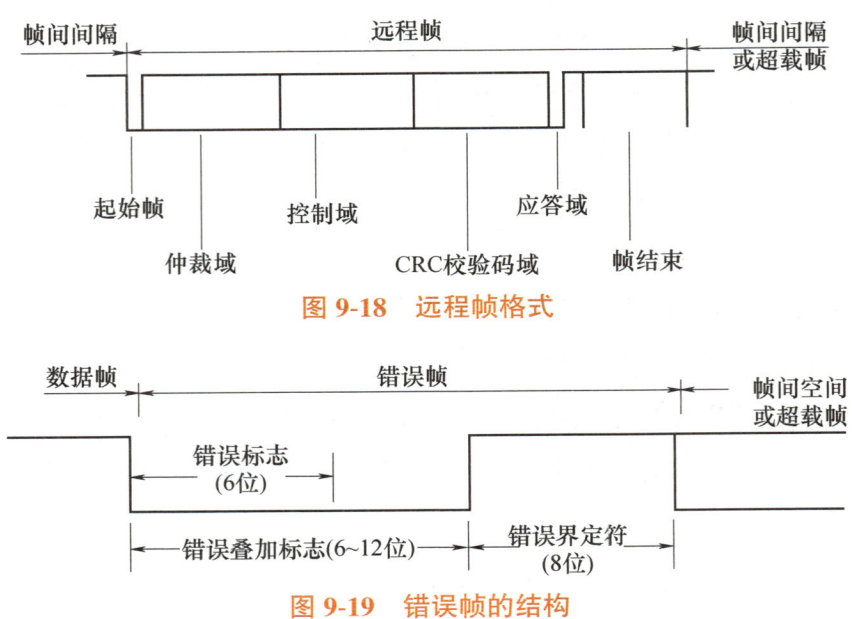

图 9-18 远程帧格式

图 9-19 错误帧的结构

(1) 错误标志有两种形式

1) 激活错误标志：由6个连续显性位组成。

2) 认可错误标志：由6个连续隐性位组成，且可由其他CAN控制器的显性位改写。

处于激活错误状态的CAN节点检测到错误后，将发出激活错误标志，该错误标志不满足位填充（插入）规则，或者破坏了应答域或帧结束域的固定格式。所有其他节点都将检测到错误状态，并发出该错误标志。因此，这些从总线上检测到的显性位串是各个节点发出的不同错误标志的结果，这一位串的长度最短是6个，最长是12个。认可错误状态的CAN控制器检测到错误后发出认可错误标志，并等待从认可错误标志开始的相同极性的6个连续位。

(2) 错误界定　错误界定符由8个隐性位组成，它与过载界定有相同的格式。错误标志发送后，每一个CAN节点监视总线，直至检测到一个显性位到隐性位的跳变。此时，表示CAN节点已经完成了错误标志的发送，并开始发送8个隐性位的界定符，之后网络上的错误激活节点便可同时开始其他的发送。

如果数据帧或远程帧的发送过程出错，则重发，当连续出现错误帧错误时，则相应的节点将变为认可错误节点。

当正确结束错误标志，认可节点需要总线空闲至少三个位周期（如果在一个认可错误接收器出现本地错误）。

4. CAN总线报文的超载帧

超载帧的功能是当CAN接收器尚未准备好，或接收器在间歇域期间检测到一个"显性"位时，发送过载信息，以延迟数据的传送。

超载帧由超载标志及超载界定符两个区域组成，如图9-20所示。有两种状态将导致超载帧发送：一是接收方在接收一帧之前需要过多的时间处理当前的数据（接收尚未准备好），二是在帧空隙域检测到显性位信号。

超载帧发送条件如下：

① 由第一个超载条件引起的超载帧的发送是在帧空隙域的第一位周期。

② 由第二个条件引起的超载帧的发送是在检测到显性位信号后的一位。

超载标识由 6 个隐性位组成，其格式与错误标识相同。超载界定符由 8 个隐性位组成，其格式与错误界定符相同。

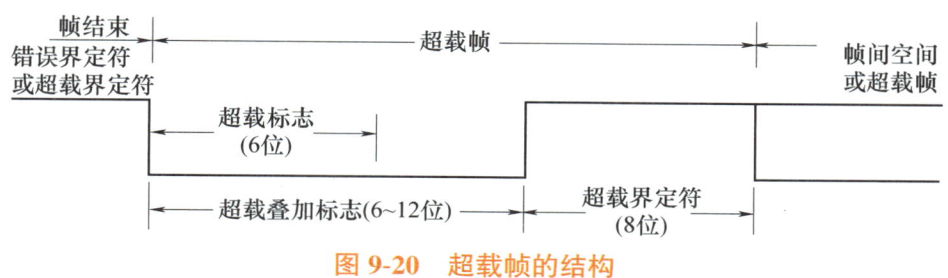

图 9-20　超载帧的结构

六、CAN 的差动传递防干扰技术

控制单元是通过收发器连接到 CAN 驱动总线上的，在这个收发器内有一个接收器，该接收器是安装在接收一侧的差动信号放大器。收发器内的 CAN-H 线和 CAN-L 线上的信号转换是通过差动信号放大器来实现的，这个转换后的信号称为差动信号放大器的输出电压。差动信号放大器用 CAN-H 线上的电压（U_{CAN-H}）减去 CAN-L 线上的电压（U_{CAN-L}），就得出输出电压。CAN-H 信号和 CAN-L 信号经过差动信号放大器处理后，差动信号放大器再将转换后的信号传至控制单元的 CAN 接收区，就是所谓的差动传递技术，如图 9-21 所示。

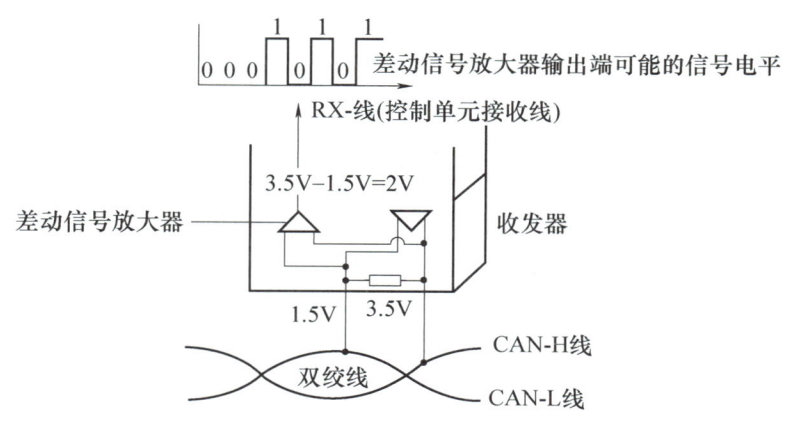

图 9-21　CAN 驱动数据总线的差动信号放大器

由于数据总线也要布置在发动机舱内，所以数据总线就要遭受各种干扰（在维护时要考虑对搭铁短路和蓄电池电压、点火装置的火花放电和静态放电）。差动传递技术可最大限度地消除干扰的影响。由于 CAN-H 线和 CAN-L 线是扭绞在一起的（双绞线），所以干扰脉冲 X 就总是有规律地作用在两条线上，由于差动信号放大器总是用 CAN-H 线上的电压（3.5V–X）减去 CAN-L 线上的电压（1.5V–X），因此在经过处理后，差动信号中就不再有干扰脉冲了，即输出电压为（3.5V–X）–（1.5V–X）= 3.5V–1.5V=2V，如图 9-22 所示。这种差动传递技术的另一个优点是即使车上的供电电压有波动（例如在起动发动机时），也不会影响各个控制单元的数据传递（数据传递可靠性）。

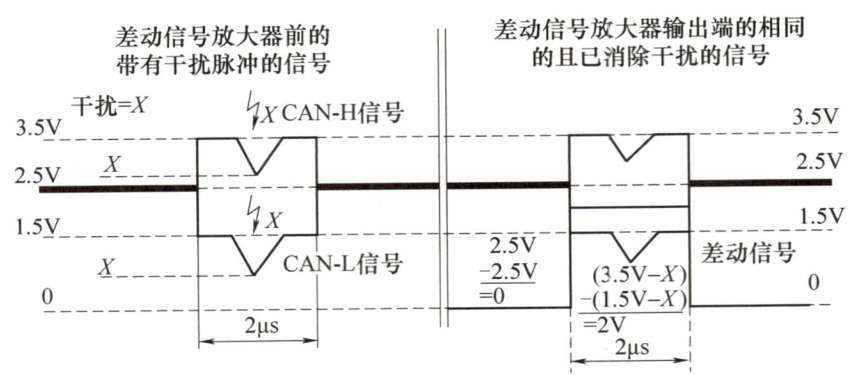

图 9-22　CAN 驱动数据总线差动信号放大器内的干扰过滤

收发器将 CAN 信号输送到 CAN 总线的两条导线上，相应地在 CAN-H 线上的电压就升高，而在 CAN-L 线上的电压就降低一个同样大小的值。对于驱动 CAN 总线来说，一条导线上的电压改变值不低于 1V。控制单元循环往复地在发送信息，就是说信息的重复率一般为 10~25ms。CAN 驱动数据总线由点火开关接通，短时工作后，又完全关闭。

收发器发送一侧的作用是将控制单元内 CAN 控制器的较弱信号放大，使其达到 CAN 导线上的信号电平和控制单元输入端的信号电平。

七、CAN 的数据报告优先权

如果多个控制单元要同时发送各自的数据，系统就必须决定哪一个单元首先发送，显然，具有最高优先权的数据应首先发送。基于安全考虑，由 ABS/EDL 控制单元提供的数据比变速控制单元提供的数据（驾驶舒适）更重要。

在数据帧的仲裁域中，有 11 位的标识符，前三位表示优先权（P）。数据报告优先权可以在最高位 0 和最低位 7 之间设置，000、001、010、011、100、101、110、111。例如，在由发动机、自动变速器和防抱死制动系统构成的动力传动网络系统中，三者报文的优先权分别设置为 010、100、000。由此可见，防抱死制动系统的优先权最高，发动机次之，自动变速器最低。

三个控制单元同时发送数据，此时，在数据传输线上进行1位的数据比较。如果一个控制单元发送了一个低电压，而检测到一个高电位，那么这个控制单元就停止发送，而转为接收，即发出高电位的数据具有优先权，而发出低电位的数据丧失优先权，如图9-23所示。

八、典型的 CAN 系统连接图

图 9-24 所示为丰田卡罗拉 CAN 系统连接图。两个终端电阻分别放置在组合仪表与发动机电子控制单元内部，其他控制系统电子控制单元分别通过支线连接到主线上。

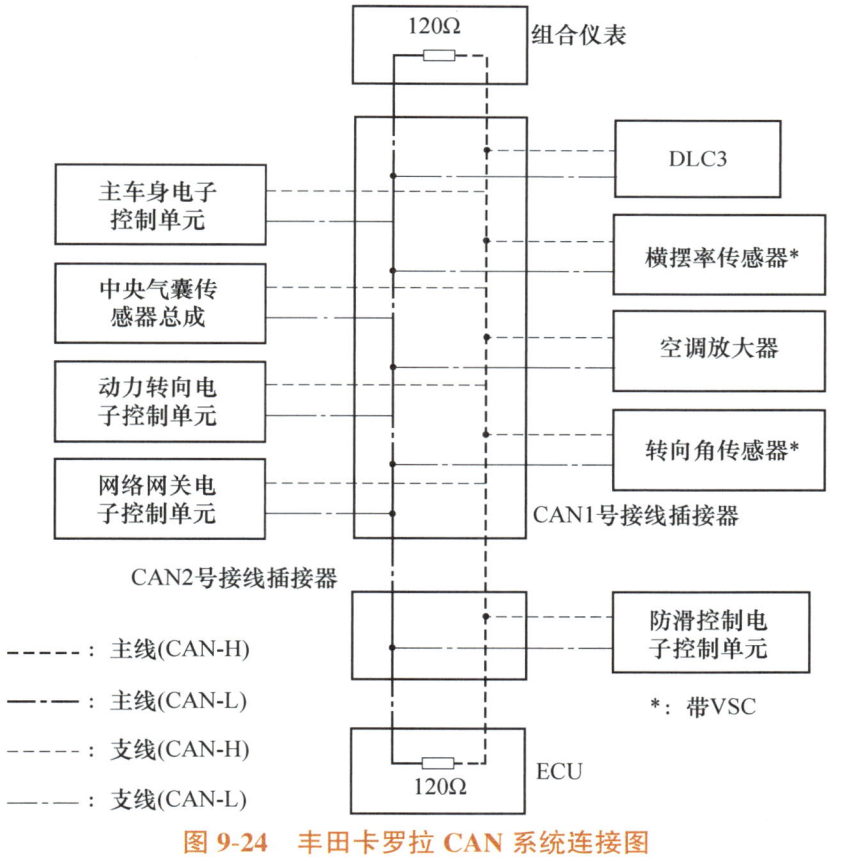

图 9-23 数据报告优先权的确定

图 9-24 丰田卡罗拉 CAN 系统连接图

九、LIN 网络系统

1. LIN 的特性

局域互联网简称 LIN，是英文 Local Interconnect Network 的缩写。

LIN 是一个汽车底层网络协议,在汽车网络层次结构中作为低端网络的通用协议,并逐渐取代目前各种各样的低端总线系统。LIN 局部连接网络典型的应用是车上传感器和执行器的联网。按美国汽车工程师协会的车上网络等级标准,LIN 属于汽车上的 A 类网络。LIN 采用单线数据总线。从某种意义上来讲,LIN 就是 CAN 的经济版通信网络,其可定位于低于 CAN 的通信层。

LIN 协议是以广泛应用的 SCI(UART)为基础定义的,它支持与这类产品的连接。LIN 采用单主/多从带信息标识的广播式信息传输方式,网络节点根据在通信中的地位分为主节点和从节点。为了降低成本,LIN 网络中,从节点的同步不需要固定的时间基准。

LIN 的技术特点如下:

1)单主机多从机结构(没有总线仲裁)。

2)基于普通 UART/SCI 接口的低成本硬件、低成本软件。

3)带时间同步的多点广播接收,从节点无须石英或陶瓷振荡器。

4)确定性的信号传输。

5)低成本的单线实现。

6)速率可达 20kbit/s,总线长度 ≤ 40m,可选的数据域长度为 0~8 字节。

7)保证信号传输的延迟时间。

8)数据校验和的安全性和错误检测。

9)使用最小成本的半导体元件(小尺寸单芯片系统),且可使用汽车蓄电池供电。

10)需改变 LIN 从节点的硬件和软件即可在网络上增加节点,通常一个 LIN 网络节点数小于 16 个。

LIN 的主要优点可以概括为以下几个方面:

1)LIN 是一种低端网络系统,可提供简单的网络解决方案,支持网络节点的互操作性,大大减少了系统安装、调试和接线的成本和时间。

2)LIN 的通信量小、配置灵活、单线连接和单主机/多从机的通信结构(无须总线仲裁),可保证低端设备和电子控制单元简便、快捷的实时通信。

3)通过主机节点(网关),可将 LIN 与上层网络(如 CAN)相连接,实现 LIN 的子总线辅助通信功能,可优化网络结构,提高网络效率和可靠性。

2. LIN 的结构与协议

(1)总线结构 LIN 由一个主节点(也称为局部连接网络指令器电控单元)和多个从节点(也称为局部连接网络执行器电子控制单元)构成,主节点可以执行主任务,也可以执行从任务,从节点只能执行从任务。总线上的信息传送由主节点控制,如图 9-25 所示。

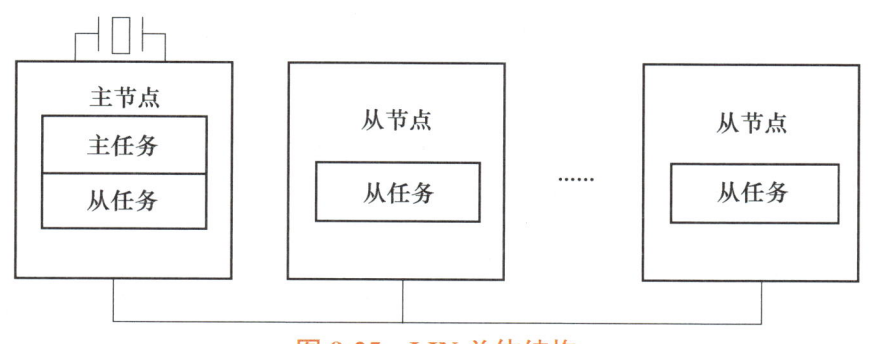

图 9-25　LIN 总体结构

那些与 CAN 相连接的电控单元担任主节点（局部连接网络指令器电控单元）的功能。它用来控制数据传输和数据传输速度，执行 LIN 电控单元和 CAN 之间的转发功能。因此，它是唯一一个在 LIN 与 CAN 相连接的电控单元。与主节点相连接的 LIN 中的从节点（局部连接网络执行器电控单元）的故障诊断是通过主节点（局部连接网络指令器电控单元）来进行的。

从节点（局部连接网络执行器电控单元）作为 LIN 中每个单独的电控单元，只能在 LIN 内发挥作用，它通过 LIN 从主节点获得任务。

（2）传输介质　在 LIN 标准中，并没有强制规定信号传输介质采用物质载体还是非物质载体，但一般使用一根单独的铜线作为传输介质。

（3）节点的结构　一个 LIN 电控单元拥有一个统一的接口（LIN 标准），以便同其他 LIN 电控单元之间处理信息数据。这种标准的接口需要满足严格的成本要求，所以它必须在现有微控制器中使用标准单位，基本单位为 UART（传送者 / 接收者异步概念）。

（4）信息帧的结构　LIN 从主节点发出的信息帧有数据帧和睡眠帧两种。

1）数据帧。LIN 数据帧由异步中断域、异步域、标识域、数据域和检查域组成，如图 9-26 所示。

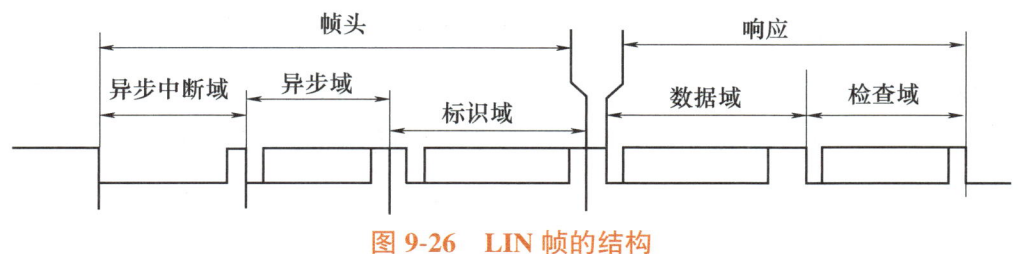

图 9-26　LIN 帧的结构

一个 LIN 帧由字节间分隔开的一系列字节组成。

① 异步中断域标志着 LIN 帧的开始。它通过 LIN 网的主节点发出，并且支持所有 LIN 点自动适应总线的速度。

② 异步域使所有总线上的 LIN 节点异步。

③ 标识域 IDEN 可以标识 64 个节点，它指明数据的目的地或者所询问的节点的地址。

④ 数据域由 1~8 个八位字位构成，包含了有用的命令或回应信息。

⑤ 检查域由一个八位字位构成，以保证 LIN 帧内容的完整性。

LIN 系统支持休眠工作模式。当主节点向网络上发送一个休眠命令时，所有节点进入休眠状态，直到被唤醒之前总线上不会有任何活动。这时总线处于隐性状态，节点没有内部活动，驱动器处于接收状态。当总线上出现任何活动或节点出现任何内部活动时，节点结束休眠状态。当由于从节点内部活动被唤醒时，输出一个唤醒信号唤醒主节点。主节点被唤醒后开始初始化内部活动，从节点要等到同步信号后才参与总线通信活动。

2）睡眠帧。LIN 总线主节点发出的另一个帧是睡眠帧，它的作用是让总线和节点进入低功耗状态。睡眠帧的识别位包含数值 0x80，除此之外，睡眠帧与标准数据帧是相似的。系统设计人员可以选择在识别位之后是否传输数据。当收到唤醒信号时，总线睡眠状态便自动中止。主节点或者从节点都可以发送唤醒信号。当主节点或者从节点发送唤醒信号时，它送出数值 0x80，紧接着是 4~64 位的唤醒信号界定符。如果经过 128 位的时间后，主节点还没有送出同步间隔信号，便送出新的唤醒信号。重复过程最多不能超过三次。

3. LIN 与 CAN 的关系

CAN 作为汽车网络的总线标准已经成为主流。但是，低速 CAN 应用于车身控制所面临的最大困难是成本高。由于车身控制网络底层设备多为低速电动机和开关型器件，对实时性要求不高，但是节点数目多，且布置分散，对成本比较敏感，因而致使低速 CAN 仍没有在车身控制中得到广泛应用。

LIN 是一种新型的低成本汽车车身总线。LIN 总线的目标定位是作为 CAN 的辅助总线，用于车身控制网络的低端场合，实现汽车车身网络的层次化，以降低汽车网络的复杂程度，保持最低成本。LIN 总线主要应用于汽车车身中的联合装配单元，如车门模块、天窗模块、座椅模块、空调模块、综合仪表板模块、车灯模块等。每个模块内部各节点间通过 LIN 总线构成一个低端通信网络，完成对外围设备的控制，各个模块又作为一个节点，通过作为网关的主机连接到低速 CAN 总线上，构成上层主干网，使整个车身电子系统构成一个基于 LIN 总线的层次化网络，实现了真正的分布式多路传输，使网络连接的优点得到充分发挥，如图 9-27 所示。由于目前尚未建立汽车车身低端多路通信的汽车标准，因此，LIN 正试图发展成为低成本低端串行通信网络的行业标准。

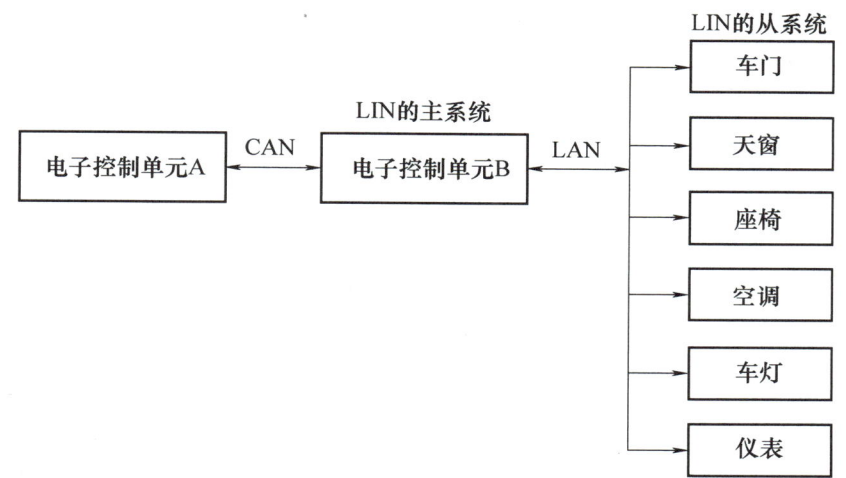

图 9-27　LIN 与 CAN 的关系

十、MOST 总线

MOST 表示"多媒体传输系统",它是一种专门针对车内使用而开发的、服务于多媒体应用的数据总线技术。

MOST 总线利用光脉冲传输数据,采用环形结构,在环形总线内只能朝着一个方向传输数据。

MOST 的传输技术近似于公众交换式电话网络（Public Switched Telephone Network,PSTN）,有着数据信道（Data Channel）与控制信道（Control Channel）的设计定义,控制信道即用来设定如何使用与收发数据信道。一旦设定完成,资料就会持续地从发送处流向接收处,过程中不用再有进一步的封包处理程序,将运作机制如此设计,最适合用于实时性音讯、视讯串流传输。

MOST 在制定上完全合乎 ISO/OSI 的 7 层数据通信协议参考模型,而在网线连接上 MOST 采用环状拓扑,不过在更具严苛要求的传控应用上,MOST 也允许改采星状（也称为放射状）或双环状的连接组态,此外每套 MOST 传控网络允许最多达 64 个的装置（节点）连接。

MOST 总线基于环形拓扑,从而允许共享多个发送器和接收器的数据。MOST 总线主控器（通常位于汽车音响主机处）有助于数据采集,所以该网络可支持多个主拓扑结构,在一个网络上最多高达 64 个主设备。

MOST 的总数据传输率为 24.8Mbit/s,这已是将音视讯的串流资料与封包传控资料一并列计,在 24.8 Mbit/s 的频宽中还可区隔成 60 个传输信道、15 个 MPEG-1 的视讯编码信道,这些可由传控设计者再行组态、规划与调配。由于这些优点,MOST 是汽车电子中应用最多的最佳多媒体传控网络。

汽车网络系统的检修　　学习任务单

班级：
姓名：

1. 汽车网络特点是减少了_____的数量和空间，改善了汽车系统设计和配置的灵活性，将汽车各个_____连接起来，让汽车真正成为系统控制的整体对象，目前，汽车网络系统广泛应用于_____系统、_____系统、安全系统和信息与娱乐系统。

2. 汽车网络的类型中如果按网络的拓扑结构不同，汽车网络主要有_____形、_____形和星形等；按通信协议不同，汽车网络系统可分为_____网、_____网、VAN 网、MOST 网等。

3. 汽车网络系统主要由硬件或_____两大部分组成，其中，硬件主要由模块、_____、_____和网关等组成；软件主要指_____。

4. 在汽车网络系统中，通常将模块称为_____，一般由微处理器、控制器、_____（或电路接口）等组成，_____接收模块中微处理器传来的数据和接收收发器从网络传来的数据，并对这些信号处理后，传送到模块中的微处理器。_____的功能是接收控制器传来模块的信号，并将其转化为电信号输送至数据传输介质，接收数据传输介质传来的其他模块信号，并将其发送至控制器。

5. 汽车网络系统的传输介质主要有_____、同轴电缆、_____和无线介质等。双绞线由两根具有绝缘保护层的铜导线按一定密度互相_____在一起，这样可降低信号干扰的程度。

6. 数据传递终端是指在数据总线的两个末端设有两个_____，其目的是防止数据在终端被反射，并以回声的形式返回，数据在终端的反射会影响数据的传输。终端电阻的阻值为_____Ω，由两个 60Ω 电阻_____联而成。

7. 网关是连接异型汽车网络的_____，其功能是将异型网络的通信协议进行翻译和解释，并进行无差错数据传输，即从第一个网络接收信息、翻译信息，向第二个网络_____信息。

8. 通信协议是指通信双方控制信息交换规则的标准和约定的集合，即指数据在总线上传输的规则。常用的汽车网络通信协议有_____、_____、MOST 等。

9. CAN 按通信速率不同将分为三个级别：高速 CAN、_____、低速 CAN，主要由控制器、收发器、_____以及两条数据传输线组成。

10. CAN 信号传递介质为屏蔽_____线，其中，信号的名称分别是_____和 CAN-L，两信号线之间应有_____Ω 的电阻。两条线静态时均为_____V 左右，此时状态表示为逻辑"1"，也被称作_____性。当两条线电压值出现差异时，通常 CAN-H=3.5V 和 CAN-L=1.5V，此时状态表示为逻辑"0"，也称作_____性。即差分电压 CAN-diff = 0，表示逻辑"_____"，为隐性；差分电压 CAN-diff =2V，表示逻辑"_____"，为显性。

11. 帧是一种将原始数据分割成一定长度的数据片，即数据传输的_____，以便更可靠地传输数据。CAN 总线所传输的信息帧有_____帧、远程帧、_____帧和过载帧四种类型。数据帧的功能是将数据从发送器传到接收器。数据帧有标准帧和扩展帧两种，均由_____个不同的域组成：_____域、仲裁域、控制域、_____域、安全域、应答域、结束域。

12. LIN 是一个汽车底层网络协议，在汽车网络层次结构中作为低端网络的通用协议，LIN 采用_____线数据总线，主要应用于汽车车身中的联合装配单元，如车门模块、车顶模块、座椅模块、空调模块、综合仪表板模块、车灯模块等。

13. MOST 是一种专门针对车内使用而开发的、服务于多媒体应用的数据总线技术。MOST 表示"多媒体传输系统"，采用_____形结构，在环形总线内只能朝着一个方向传输数据。

142

实训任务 汽车网络系统的检修

一、实训器材

丰田卡罗拉轿车、故障诊断仪、常用维修工具和维修手册等。

二、作业准备

车辆在工位停放周正，铺好车内和车外护套。

三、操作步骤

1. CAN 系统的检测

1）用故障诊断仪连接到汽车故障诊断座（DLC3）上，检查 CAN 通信系统的故障码。

2）从故障诊断仪的"System Select"屏幕上选择"Bus Check"。

3）观察屏幕约 1min，检查屏幕上显示的电控单元（ECU）和传感器。

如果所有连接于 CAN 通信系统的电控单元（ECU）和传感器未显示在屏幕上，说明总线主线断路或短路或者 DLC3 支线有故障；如果连接至 CAN 通信系统的电控单元（ECU）和传感器中有一个未显示在屏幕上，则说明电控单元（ECU）或传感器支线断路或通信中断；如果所有连接到 CAN 通信系统的电控单元（ECU）和传感器都显示在屏幕上，说明 CAN 总线电路当前正常。

2. CAN 总线的测量

（1）测量前注意事项

1）测量 CAN 主线和 CAN 支线之间的电阻前，将点火开关置于"OFF"位置。

2）将点火开关置于"OFF"位置后，检查并确认钥匙提醒警告系统和车灯提醒警告系统未处于工作状态。

3）开始测量电阻前，使车辆保持原来状态至少 1min，不要操作点火开关和任何其他开关或车门。如果需要打开车门检查插接器时，应将该车门持续保持打开，因为操作点火开关或开关车门会触发相关电控单元（ECU）和传感器进行 CAN 通信，该通信将导致电阻值发生变化。

（2）CAN 总线检查（主线是否断开，CAN 总线是否短路）

1）将点火开关置于"OFF"位置。

2）根据下表中的值测量电阻。

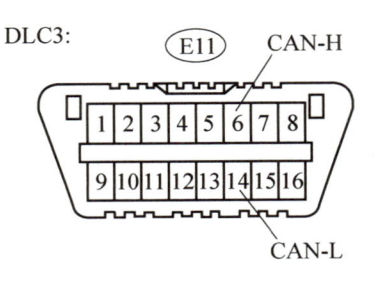

诊断仪连接	条件	标准电阻 结果	转至
E11-6(CAN-H)—E11-14(CAN-L)	点火开关置于"OFF"位置	54~69Ω	A
E11-6(CAN-H)—E11-14(CAN-L)	点火开关置于"OFF"位置	69Ω或更大	B
E11-6(CAN-H)—E11-14(CAN-L)	点火开关置于"OFF"位置	小于54Ω	C

A	检查CAN总线是否对B+短路
B	检查CAN主总线是否断路
C	检查CAN总线是否短路

（3）CAN 总线是否对 B+（正极）短路检查

根据下表中的值测量电阻。

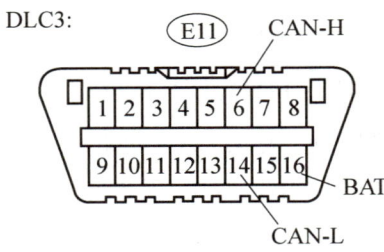

诊断仪连接	条件	标准电阻 规定状态
E11-6(CAN-H)—E11-16(BAT)	断开蓄电池负极端子	6kΩ或更大
E11-14(CAN-L)—E11-16(BAT)	断开蓄电池负极端子	6kΩ或更大

如果 DLC3 的端子 6（CAN-H）和 16（BAT）或端子 14（CAN-L）和 16（BAT）之间没有电阻，那么在 CAN 总线和 +B 之间可能存在短路。

（4）CAN 总线是否断路检查

根据下表中的值测量电阻。

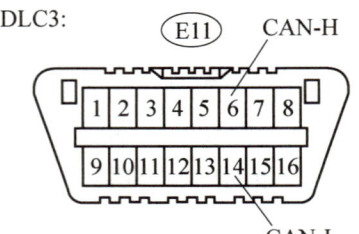

诊断仪连接	条件	标准电阻 规定状态
E11-6(CAN-H)—E11-14(CAN-L)	点火开关置于"OFF"位置	108~132Ω

DLC3 的端子 6（CAN-H）和 14（CAN-L）之间的电阻为 69Ω 或更大时，CAN 主线和 / 或 DLC3 支线可能断路。

（5）CAN 总线是否对搭铁短路检查

根据下表中的值测量电阻。

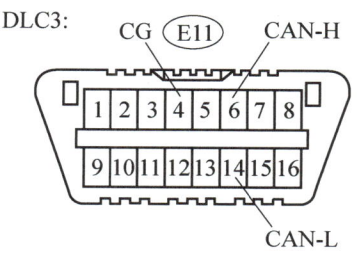

诊断仪连接	标准电阻	
	条件	规定状态
E11-6(CAN-H)—E11-4(CG)	点火开关置于"OFF"位置	200Ω或更大
E11-14(CAN-L)—E11-4(CG)	点火开关置于"OFF"位置	200Ω或更大

如果DLC3的端子6（CAN-H）和4（CG）或端子14（CAN-L）和4（CG）之间没有电阻，则CAN总线和搭铁之间可能存在短路。

（6）CAN总线是否相互短路检查

根据下表中的值测量电阻。

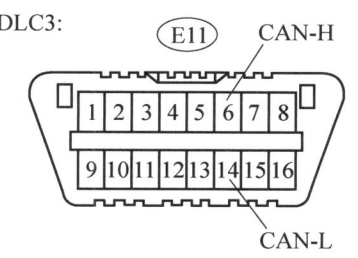

诊断仪连接	标准电阻	
	条件	结果
E11-6(CAN-H)—E11-14(CAN-L)	点火开关置于"OFF"位置	54~69Ω

当DLC3的端子6（CAN-H）和14（CAN-L）之间的电阻小于54Ω时，CAN主线和/或CAN支线可能短路。

汽车车身与底盘电控系统检修

汽车网络系统的检修		工作任务单	班级：
			姓名：

1. 车辆信息记录

品牌		整车型号		生产年月	
发动机型号		发动机排量		行驶里程	
车辆识别代号					

2. 故障诊断分析报告

项目	诊断记录				
故障现象描述					
相关数据分析	基本检查				
	故障灯检查		故障灯显示		
	□点亮　□正常				
	诊断仪连接		连接结果		
	将诊断仪连接至诊断座		□正常进入 CAN 系统　□无法进入 CAN 系统		
故障诊断步骤	1）CAN 诊断座电源测量				
	电路端子	条件	测量值	标准值	判定
	16（BAT）- 对地	电压测量			□异常　□正常
	4（CG）- 对地	电阻测量			□异常　□正常
	2）CAN 总线测量				
	电路端子	条件	测量值	标准值	判定
	6（CAN-H）-14（CAN-L）	电阻测量			□异常　□正常
	3）CAN 总线 +B 短路测量				
	电路端子	条件	测量值	标准值	判定
	6（CAN-H）-16（BAT）	电压测量			□异常　□正常
	14（CAN-L）-16（BAT）	电阻测量			□异常　□正常
	4）CAN 总线对地短路测量				
	电路端子	条件	测量值	标准值	判定
	6（CAN-H）-4（CG）	电阻测量			□异常　□正常
	14（CAN-L）-4（CG）	电阻测量			□异常　□正常
	5）CAN 总线其他测量				
	电路端子	条件	测量值	标准值	判定
					□异常　□正常
					□异常　□正常
					□异常　□正常
	部件 / 电路故障点确认及分析：				
	维修措施：□维修　□更换　□调整				

任务九　汽车网络系统的检修

汽车网络系统的检修			实习日期：			
姓名：		班级：		学号：		导师签名：
自评：□熟练　□不熟练		互评：□熟练　□不熟练		师评：□合格　□不合格		
日期：		日期：		日期：		

汽车网络系统的检修【评分细则】

序号	评分项	得分条件	分值	评分要求	自评	互评	师评
1	安全/7S/态度	□1. 能进行工位7S操作 □2. 能进行设备和工具安全检查 □3. 能进行车辆安全防护操作 □4. 能进行工具清洁、校准、存放操作 □5. 能进行三不落地操作	15	未完成1项扣3分，扣分不得超过15分	□熟练 □不熟练	□熟练 □不熟练	□合格 □不合格
2	专业技能能力	作业1 □1. 能正确检查仪表故障灯显示情况 □2. 能正确使用故障诊断仪 □3. 能正确连接故障诊断仪 □4. 能正确判定CAN系统是否连接正常 作业2 □1. 能正确使用万用表 □2. 能正确测量诊断座16号端子电源电压 □3. 能正确测量诊断座6号端子电压 □4. 能正确测量诊断座14号端子电压 □5. 能正确测量诊断座4号端子搭铁电阻 □6. 能正确测量诊断座6号与14号端子电阻 □7. 能正确判定诊断座6号与14号端子是否互短 □8. 能正确测量诊断座6号端子是否对地短路 □9. 能正确测量诊断座14号端子是否对地短路	50	未完成1项扣5分，扣分不得超过50分	□熟练 □不熟练	□熟练 □不熟练	□合格 □不合格
3	工具及设备的使用能力	□1. 能正确使用维修工具 □2. 能正确使用故障诊断仪 □3. 能正确使用万用表	10	未完成1项扣3分，扣分不得超过10分	□熟练 □不熟练	□熟练 □不熟练	□合格 □不合格
4	资料、信息查询能力	□1. 能正确使用维修手册查询资料 □2. 能正确记录查询资料的章节及页码 □3. 能正确记录所需维修信息	10	未完成1项扣3分，扣分不得超过10分	□熟练 □不熟练	□熟练 □不熟练	□合格 □不合格
5	数据判断和分析能力	□1. 能分析仪表故障灯是否正常 □2. 能分析故障诊断仪连接是否正常 □3. 能分析诊断座电源线是否正常 □4. 能分析诊断座CAN线是否正常	10	未完成1项扣3分，扣分不得超过10分	□熟练 □不熟练	□熟练 □不熟练	□合格 □不合格
6	表单填写报告的撰写能力	□1. 字迹清晰 □2. 语句通顺 □3. 无错别字 □4. 无涂改 □5. 无抄袭	5	未完成1项扣1分，扣分不得超过5分	□熟练 □不熟练	□熟练 □不熟练	□合格 □不合格
总分							

参 考 文 献

[1] 王盛良. 汽车底盘及车身电控技术与检修 [M]. 3版. 北京：机械工业出版社，2017.
[2] 栾琪文，于京诺. 汽车底盘及车身电控系统维修 [M]. 2版. 北京：机械工业出版社，2019.
[3] 张彦会，曾清德. 汽车车身底盘电控技术与检修 [M]. 北京：人民交通出版社股份有限公司，2017.
[4] 黄费智. 汽车底盘及车身电控系统故障诊断检修一本通 [M]. 北京：机械工业出版社，2020.